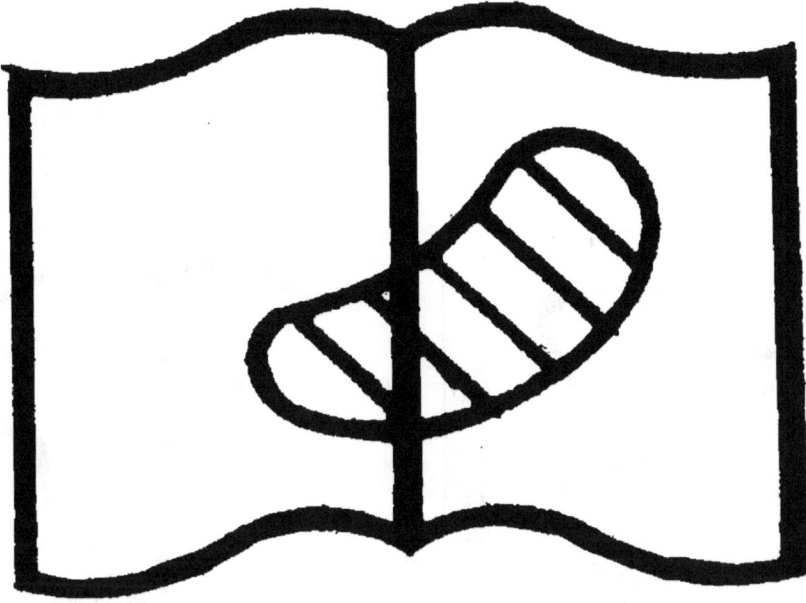

Illisibilité partielle

Valable pour tout ou partie
du document reproduit

Couvertures supérieure et inférieure
en couleur

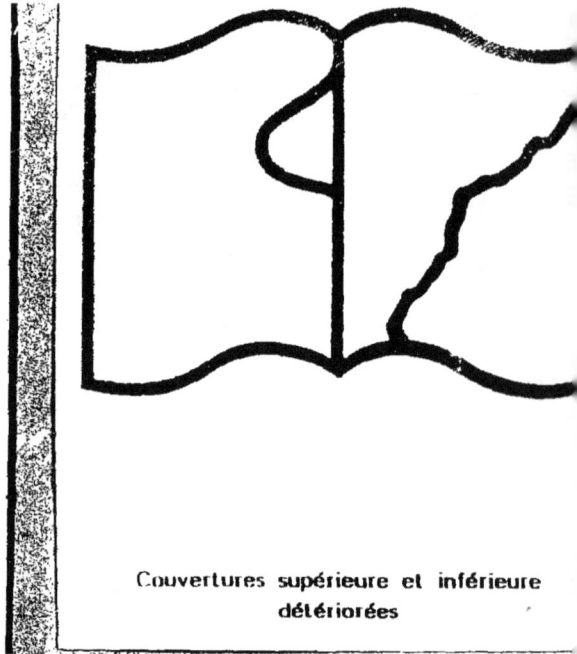

Couvertures supérieure et inférieure
détériorées

BIBLIOTHÈQUE UNIVERSELLE DE POCHE

AVENTURES ET VOYAGES

LOUIS NOIR

AU

DAHOMEY

UNE AMAZONE

DE

Béhanzin

25 CENTIMES

A. FAYARD, Éditeur
78 BOULEVARD SAINT-MICHEL, 78
PARIS

30 Centimes *le volume rendu franco dans toute la France et les pays compris dans l'Union postale.*

BIBLIOTHÈQUE UNIVERSELLE DE POCHE

EXTRAIT DU CATALOGUE

Chez tous les libraires et dans les bibliothèques des gares
25 centimes le volume.

On reçoit séparément chaque volume franco en adressant 30 centimes en timbres à M. FAYARD, éditeur, 78, boulevard Saint-Michel, Paris.

LA BIBLIOTHÈQUE UNIVERSELLE DE POCHE

que nous présentons au public, va étonner tout le monde.

*On se demandera comment nous avons pu arriver à donner un livre aussi propre, aussi soigné, aussi volumineux pour une somme aussi minime que celle de **25** centimes.*

*Dans la **Bibliothèque Universelle de Poche**, nous publions non seulement des romans de mœurs, des romans populaires, des romans militaires, des romans comiques, mais encore des romans d'aventures et de voyages, des romans étrangers.*

Nous donnons aussi des causes célèbres criminelles et politiques, des ouvrages de sciences, d'arts, d'histoire, de voyages, des livres d'éducation et de récréation.

Et enfin, nous offrons des ouvrages utiles.

*La **Bibliothèque Universelle de Poche** a pour but d'instruire et d'amuser.*

Nous avons voulu aussi pouvoir permettre à tous de lire les chefs-d'œuvre des maîtres contemporains qui, du reste, nous devons en convenir, se sont empressés de nous accorder leur collaboration.

ABONNEMENTS :

Un An (52 volumes FRANCO)...........	**14** fr. **50.**
Six Mois (26 volumes FRANCO)........	**7** fr. **50.**
Trois Mois (13 volumes FRANCO)......	**3** fr. **90.**

IL PARAIT UN VOLUME TOUS LES SAMEDIS

Les mêmes avantages sont accordés aux lecteurs qui désireraient recevoir de suite le même nombre de volumes dans ceux annoncés au Catalogue publié à la fin de cet ouvrage.

Paraît Aujourd'hui

Le 1er VOLUME à 50 Ces (60 Ces franco)

DE LA

BIBLIOTHÈQUE USUELLE DU DROIT FRANÇAIS

PAR

HENRI MICHELIN

Docteur en Droit
Professeur de Droit
Ancien Président du Conseil Municipal de Paris
Ancien Député de la Seine

~~~~~~~~~~~~~~

PREMIER VOLUME

LE CODE DE LA CHASSE

Il paraîtra un volume tous les quinze jours

AU DAHOMEY

NE AMAZONE DE BEHANZIN

AU
DAHOMEY

UNE AMAZONE

DE

BEHANZIN

PAR

LOUIS NOIR

VOLUME ILLUSTRÉ DE GRAVURES INÉDITES

PARIS

A. FAYARD, LIBRAIRE-ÉDITEUR

78, BOULEVARD SAINT-MICHEL, 78

Le capitaine Olivier était de ces trafiquants aventureux.

AU DAHOMEY

UNE AMAZONE DE BEHANZIN

CHAPITRE PREMIER

Le continent mystérieux.

L'Afrique !

Son centre, hier encore, était inconnu.

Les Anciens n'avaient pénétré que sur les côtes qui bordent la Méditerranée ; à peine avaient-ils connu les rives de la mer Rouge et celles du Maroc que baigne l'Atlantique.

Les Carthaginois ont peut-être fait le tour de cette partie du monde ; mais le *Périple*, ou voyage, publié par un de leurs amiraux, est si obscur, que l'on ne saurait affirmer qu'il ait réellement doublé le cap de Bonne-Espérance.

Aux Portugais, à leur grand navigateur

Vasco de Gama, revient l'honneur d'avoir fait authentiquement le premier le tour de l'Afrique.

Mais combien longtemps encore l'intérieur demeura fermé aux Européens !

C'est récemment, sous nos yeux, lisant leurs récits merveilleux, que Livingstone, Stanley et, avant eux, Levaillant, Speke et d'autres illustres voyageurs ont découvert les sources du Nil, du Zambèze et du Congo, ces fleuves immenses qui portent à la mer les eaux du Centre africain.

Ne touchent-ils pas à notre époque, les du Chaillu et les Barth, qui ont révélé l'existence de Tombouctou, près de la boucle du Niger ; du lac Tchad, cette mer intérieure ; de l'Aïr, cette Suisse africaine qui s'élève, montagneuse, herbue, pissant les sources à chaque pas, dressant, au milieu du Sahara aride, ses montagnes délicieusement fraîches ?

Ils vivent encore, Duveyrier et Gérard Rohlfs, qui pénétrèrent enfin au pays des Touareggs et nous firent connaître ces peuplades étranges, cruelles, chevaleresques, artistes, autrefois chrétiennes, aujourd'hui musulmanes, mais ayant conservé de la civilisation antique le culte de la femme et de sa liberté, l'amour de la musique et des vers, le calendrier latin et l'immortelle institution du carnaval.

Il est ouvert, aujourd'hui, ce Continent Mystérieux, mystérieux encore lorsque Stanley écrivit, sous ce titre, le récit de ses découvertes ; mais on peut dire que l'Afrique n'est pas connue du grand public.

Les livres publiés sont d'un prix si exagéré que le peuple ne peut les lire.

Dix francs, vingt francs, cent francs, ces publications coûteuses qui réservent, aux seuls élus de la fortune, le plaisir de voyager en imagination dans ces régions pittoresques.

Nous entreprenons, à l'aide de la Bibliothèque à 25 centimes, de faire pénétrer le lecteur, avec nous, dans le Continent Mystérieux.

Et nous débutons par une actualité.

A l'heure où nous écrivons ce livre, nos soldats marchent sur Abomey, la capitale du Dahomey.

C'est ce royaume que nous allons parcourir.

Etrange région!

Ne semblait-il pas, quand on en parlait autrefois, que c'était le pays des fables!

Un roi immolant à ses fétiches des milliers de victimes!

Une armée comptant quatre mille amazones.

Une nation si disciplinée que, en dehors des sacrifices religieux, le meurtre, l'adultère, le vol y sont presque inconnus.

Un peuple très doux, très affable, très bienveillant, d'une politesse remarquable; des usages cruels et des razzias permanentes et sanglantes sur les tribus voisines.

Des femmes charmantes, au dire de tous les explorateurs et des négociants; des lois touchantes pour protéger l'enfance; mais des vierges noyées, en l'honneur du Dieu des Eaux-

Profondes, dans le but impie de l'inciter à envoyer beaucoup de navires naufragés sur les côtes.

N'est-ce point là un peuple dont il est curieux d'étudier les mœurs si bizarres, que, hier encore, on niait l'existence de ses amazones qui, aujourd'hui, se battent contre nos Sénégalais et notre infanterie de marine !

C'est par ce Dahomey, qui concentre en ce moment sur lui l'attention du monde, que nous commençons une série dramatique de récits, sévèrement documentés et scrupuleusement exacts, sur le Continent Mystérieux.

CHAPITRE II

Un original.

Le drame que nous allons raconter se passait quelques années avant que nous ne fussions brouillés avec le roi du Dahomey, Behanzin.

Jusqu'alors, nos trafiquants, installés à Widah, avaient vécu en paix, protégés, comme tous les Blancs, par un magistrat indigène, un cabacère, nommé par le roi et appelé le Quédou.

Mais, nos rivaux, les Allemands et les Anglais, jaloux de nous voir prospérer dans les territoires français de Kotonou et de Porto-Novo, ont suscité des intrigues et poussé le Dahomey à nous déclarer la guerre.

Le prétexte?

La revendication de Kotonou et de Porto-Novo que le roi du Dahomey, Behanzin, prétend lui appartenir.

Il prétend aussi que le petit roi sur le territoire duquel se trouve Porto-Novo est son vassal, alors qu'il est le nôtre.

De là, une première guerre, il y a deux ans,

entre Behanzin et nous; il attaqua Kotonou avec ses soldats et ses amazones.

Malgré la surprise de nos postes avancés, qui lui permit d'arriver jusqu'à nos retranchements, il fut repoussé avec de grosses pertes.

On crut devoir faire avec lui une paix très précaire, houteuse même, en lui payant une pension qu'il qualifia de tribut.

Et, comme il arrive toujours, quand on achète la paix, surtout à un ennemi barbare, celui-ci vous méprise et vous attaque de nouveau pour vous rançonner.

C'est ce que vient de faire Behanzin; c'est pourquoi nous expéditionnons contre lui pour conquérir sa capitale et lui imposer un tribut, notre protectorat et la paix.

Ayant dit ces quelques mots sur les événements actuels, remontons à quelques années.

Le drame qui suit servit de prélude aux premiers dissentiments.

Le soleil vient de se lever, éclairant gaiement la côte occidentale de l'Afrique et réveillant l'animation dans Widah-Plage, point unique d'accès du royaume du Dahomey sur l'Océan. Malgré les difficultés et les périls réels du débarquement, c'est un centre de commerce très peuplé, très actif; on n'y voit cependant que des magasins et des abris, appartenant aux factoreries européennes et aussi au roi Behanzin; à peine, çà et là, s'éparpillent, très rares, quelques cases d'indigènes. Défense à tout Européen de coucher à Widah-Plage;

chaque soir, sous les peines les plus rigoureuses, les trafiquants blancs doivent rentrer à Widah-Ville, séparée de la mer par une lagune et distante de huit kilomètres. Malgré l'heure matinale, les gérants blancs sont amenés déjà de Widah-Ville à Widah-Plage par les hamaquaires.

Sous ces climats, les Européens marchent le moins possible; le pays ne fournissant pas de chevaux, les Blancs se font porter, dans des hamacs, par des Noirs que l'on appelle des hamaquaires; il y en a quatre par hamac, ils se relaient deux par deux; ils vont toujours courant et font le trajet (huit kilomètres) de la plage à Widah en trois quarts d'heure. Le hamac est supporté par un long bambou qui soutient aussi une sorte de tente en forme de parasol. C'est un spectacle très curieux que celui de la rentrée des traitants européens et de leurs employés blancs dans Widah-Plage: les hamaquaires, trempés jusqu'aux épaules par l'eau de la lagune qu'ils ont dû traverser, arrivent en ville au grand trot; de tous côtés surviennent les travailleurs et les porteurs de marchandises ou ceux qui veulent en acheter; le petit port se ressent du mouvement et les équipages préparent les embarcations. Cette agitation et ce bruit forment un contraste très vif avec le calme et le silence auxquels ils succèdent brusquement.

Parmi les Blancs qui, sautant des hamacs, se rendaient aux factoreries, il y en avait un que tout le monde saluait avec respect.

C'était un homme colossal, très puissamment charpenté et musclé, ce qui est rare en ces climats ; il était hâlé par le soleil des Tropiques, tanné, presque aussi noir qu'un mulâtre ; sa tête léonine rayonnait d'audace, mais la bouche, armée de dents superbes, souriait volontiers.

Il pouvait avoir quarante ans.

On l'appelait capitaine, parce qu'il avait commandé autrefois un navire américain, quoique lui-même fût Français.

Le capitaine Olivier était un de ces trafiquants aventureux qui font les plus étranges métiers sur la côte d'Afrique et dans l'intérieur ; nul n'était plus avisé, plus audacieux, plus habile que lui. Seul de tous les Européens, il avait en permanence un bâton du roi.

Ce bâton est un passeport, un signe de faveur spécial très rarement accordé et qui permet de monter jusqu'à la capitale.

Les Noirs craignaient beaucoup cet ami de Behanzin, tous les Blancs le respectaient et les Français l'aimaient ; tout le monde était forcé de voir en lui le roi des aventuriers de la côte d'Afrique.

Il avait des intérêts dans toutes les factoreries, surtout dans les maisons françaises Fabre et Régis ; il était bien accueilli partout.

Ce qui le caractérisait, c'était son originalité réelle, son mépris pour le convenu, pour la routine, pour ce qui faisait la règle commune.

Il ne posait pas, ne cherchait pas à se singulariser, mais ses idées neuves et pratiques étonnaient les traitants, gens qui pourtant sont blasés sur les choses les plus extraordinaires.

Le capitaine Olivier descendit de son hamac devant la factorerie Régis, où il fut accueilli par le chef de la maison, avec un cordial bonjour.

— Mon cher, dit l'aventurier, je crois que c'est le cas ou jamais de boire une bouteille de champagne. Il fait presque bon boire ce matin.

Un moulek accourut et reçut l'ordre d'aller chercher ladite bouteille, contre un bon délivré au cuisinier.

Le moulek est un petit esclave ou un petit Noir libre, spécialement attaché au service d'un maître.

— Il vente ferme! reprit le capitaine. De là, l'air vif que nous respirons. Mais la barre est mauvaise, très mauvaise. On ne pourra pas la faire franchir aux pirogues avant que le vent ne soit tombé.

— Chômage forcé! fit le gérant d'un ton maussade.

Pour bien faire comprendre la mauvaise humeur du gérant, disons que, quand la barre n'est pas bonne, tout débarquement ou embarquement est impossible.

La barre! Terreur de tous ceux qui débarquent à Widah-Plage! Non seulement ce point de la côte d'Afrique par lequel on aborde le royaume du Dahomey, n'est pas un port où les navires puissent entrer et s'abriter, non seulement c'est une simple bande de sable entre la mer et une lagune ou petit lac salé intérieur; mais, de plus, cette plage plate est défendue par une barre redoutable, composée de trois hautes lames qui se succèdent sans cesse et qu'il faut surmonter pour embarquer ou débarquer; elles sont toujours déferlantes, mais elles sont plus ou moins dangereuses selon le temps et le vent. Cette barre est causée par le ressac, à la suite du choc des eaux contre trois bancs de sable sous-marins, formant escaliers.

Les navires ne peuvent accoster; pour mettre à terre marchandises et voyageurs, ils viennent mouiller le plus près possible de cette barre, livrant ensuite voyageurs et marchandises à des pirogues qui traversent le redoutable obstacle. Ces pirogues sont montés par des pilotes noirs appartenant tous à la tribu des Minas; cette peuplade est sous la domination anglaise. On engage l'équipage de 18 ou 25 hommes, sous la conduite d'un chef qui parle anglais, d'après un contrat en règle, conforme à la loi coloniale anglaise. Chaque navire qui va charger et décharger sur un point où il existe une barre, traite avec un patron *mina* et sa bande; elle emmène toujours un féticheur, personnage important, prêtre et sorcier, dont le rôle consiste à couvrir ses hommes d'amulettes et de gris-gris contre les requins. Ces derniers abondent dans les barres et guettent le moment où une pirogue, chavirant à la crête d'une vague, leur offrira des proies humaines, accident qui se produit fréquemment. Aussi, quand la barre est mauvaise, les Minas refusent-ils de l'affronter. Excellents marins, mais ivrognes, paresseux, menteurs et surtout voleurs, les Minas seraient très difficiles à manier, s'ils n'avaient pas la peur du bâton que l'on emploie souvent contre eux et la passion du tafia qu'on leur distribue dans les circonstances difficiles et périlleuses. (CHAUDOIX, *Trois mois de captivité au Dahomey*).

Mais, parfois, et c'était le cas, la mer est tellement « méchante » qu'à aucun prix les Minas ne veulent tenter l'épreuve.

En ce moment, un petit pierrier fit entendre une détonation, du haut d'une légère éminence qui servait d'observatoire et de sémaphore.

C'était un signal connu.

— Ah! un navire qui arrive! fit le capitaine Olivier. Celui que j'attends peut-être.

Il monta sur le belvédère avec le gérant et il examina un vapeur qui émergeait au large.

— C'est la *Mouette*, dit Olivier. Morbleu! que je suis content! Je vais embrasser ma mère, mon frère et ma sœur.

Le capitaine était pâle d'émotion

— Oui, enfin! reprit-il, je vais donc revoir ma vieille mère, mon frère et ma sœur! Voilà vingt ans que je parcours l'Afrique, risquant ma peau partout pour nourrir ma famille et lui faire un sort. Mais, si j'en crois les photographies que j'ai reçues, ma sœur est une jolie personne et mon frère un beau garçon. Je vais associer le jeune homme à mon commerce, et je ne serai pas embarrassé pour marier convenablement une belle fille.

— Pas ici, toujours ! fit le gérant.

— Ici, à Kotonou, à Porto-Novo, à Saint-Louis du Sénégal ou même à Abomey.

— A Abomey ?

— Mais il y a de fort beaux nègres, très grands seigneurs, à la cour de Behanzin ; il y a aussi des roitelets qui ne sont pas à dédaigner ; si l'un d'eux devenait mon beau-frère, je lui ferais faire de telles conquêtes qu'il serait bientôt un grand monarque.

— Mais votre sœur ne voudra pas d'un nègre !

— Qui sait ? En tout cas, elle ne dédaignera pas un homme à cause de sa couleur. Je suis sûr qu'elle n'a pas ce sot préjugé. Elle me l'a écrit. Si elle ne rencontre point le mari qui lui convient, ici ou dans les villes voisines, nous irons, je vous l'ai dit, à Saint-Louis du Sénégal Là, une fille bien tournée trouve facilement un bon parti parmi les créoles. Il y a bien un peu de sang nègre dans les veines de l'homme. Mais, nous autres Français, nous n'avons pas de préjugés là-dessus.

Regardant la mer :

— Diable ! La barre est mauvaise ce matin ! Mais tant pis ! Je risque le bain, je brave les requins, j'expérimente mon invention et je vais embrasser ma famille ! Au revoir !

— Capitaine, vous allez commettre une grosse imprudence; vous devriez attendre que la brise du matin fût tombée : les lames seraient moins fortes et vous pourriez passer la barre sans danger.

Le capitaine haussa les épaules et dit d'un air insouciant :

— Si j'avais attendu, pour marcher dans la vie, qu'il n'y eût pas péril de mort à mettre un pas devant l'autre, je n'aurais jamais avancé.

Et, serrant la main du gérant, le capitaine descendit vers la plage. Il s'agissait de franchir la barre pour atteindre le vapeur qui se balançait au large.

Le capitaine examina attentivement l'état de la mer, puis il entra dans une case qui lui appartenait et que gardaient, deux esclaves à lui, bien armés.

Le lecteur n'oublie pas que nous sommes au Dahomey et que là un Français peut acheter et posséder des esclaves.

Le capitaine avait surnommé ses Noirs l'un Polyte et l'autre Adolphe; c'étaient des hommes vigoureux qu'il avait payés quatre cents francs pièce; ils lui étaient très dévoués, car, avant lui, sous un maître rapace, ils travaillaient trop et ils ne mangeaient pas assez; avec le capitaine, ils mangeaient comme princes noirs et ne travaillaient que pour eux, afin d'acheter du rhum, des vêtements luxueux, des bijoux et des gris-gris.

Les deux Noirs, voyant leur maître qu'ils

craignaient autant qu'ils l'aimaient, se prosternèrent devant lui à la façon dahoméenne.

— Debout ! leur dit-il.

Et leur montrant une caisse :

— Ouvrez-la !

Les Noirs obéirent.

— Sortez ce qu'il y a là-dedans ! fit-il.

Pendant que les Noirs tiraient de la caisse une espèce d'armure complète de chevalier, mais d'une épaisseur considérable, le capitaine se mettait tout nu, sauf qu'il passa un caleçon dahoméen.

Cela fait, aidé de ses nègres, il endossa l'armure et il apparut formidablement bardé d'acier aux yeux de ses esclaves[1].

Il prit un couteau, et, sans mot dire, il sortit de la case, se dirigeant vers la barre.

A sa vue, tout le monde accourut et les Européens stupéfaits l'entourèrent.

Etait-il devenu fou ?

Que signifiait cette mascarade ?

Pourquoi s'armer en chevalier errant comme Don Quichotte ?

Le gérant, qui était en même temps consul de France, crut devoir demander des explications.

— Voyons, capitaine, dit-il, comme compatriote, comme ami, comme représentant du gouvernement, vous voudrez bien m'expliquer

---

1. C'est cette invention de l'armure en métal rigide, qui a donné naissance à la fameuse légende, qui court déjà sur toute la côte occidentale, d'un Homme de Fer, issu des Eaux-Profondes (l'océan).

le secret de cet accoutrement extraordinaire?

— C'est bien simple! Je vais traverser la barre, mon cher camarade ou monsieur le consul, selon que vous voudrez être le fonctionnaire ou le simple gérant de la factorerie.

— Mais, capitaine, avec cette armure vous coulerez à fond.

— Permettez! Les dents des requins qui vont me guetter au passage et se jeter sur moi, ne pourront entamer mon blindage en métal.

— Soit!

— Donc il est logique d'endosser cette cuirasse de fin acier.

— Oui, mais le poids?

— Eh! mon ami, c'est bien simple. L'armure est doublée d'autant de liège qu'il en faut pour qu'elle flotte sur l'eau. J'en ait fait l'expérience.

On commença à trouver moins bizarre l'idée du capitaine.

Il reprit:

— S'il ne s'agissait que de la barre de Widah, je n'aurais pas fait fabriquer cette armure qui me revient à deux mille six cent soixante-trois francs. Mais j'ai souvent occasion d'aborder la côte dans des endroits où l'on ne trouve pas de piroguiers, voire de pirogues, pour vous faire traverser la barre qui existe presque partout. Si vous saviez que de fois je me suis trouvé embarrassé! J'ai dû souvent employer un radeau improvisé. Un jour, ayant vu un scaphandre, j'ai pensé qu'il y avait quelque chose à faire et j'ai creusé le problème. Il est résolu, si je réussis à franchir la barre.

D'un air singulièrement énergique :

— Et je la franchirai.

Puis il ajouta :

— Je vais aussi faire une petite expérience de pêche. Tout le poisson portant ma marque m'appartiendra. Vous allez le voir arriver à la côte. Monsieur le consul, je vous en préviens et vous prends à témoin. La mer va déposer, sur la plage, à vos pieds, une pêche miraculeuse.

« Vous autres, dit-il à ses nègres, traînez ce poisson hors portée du flot et entassez-le. Vous vous ferez aider. Je paierai les coups de main d'un bon coup de rhum.

Et il donna un *ordre* pour un baril, *après coup de main* et pêche finie.

Ayant dit, le capitaine se mit résolument à l'eau, et, faisant la planche, il prouva qu'il flottait.

Il montra un drapeau qu'il avait roulé et suspendu par sa hampe à sa ceinture : quelque chose comme un signal de garde-barrière de chemin de fer.

— Quand vous le verrez déployé, dit-il, j'aurai franchi la barre.

Puis, au milieu des applaudissements des Européens, des cris des nègres, du bruit d'une musique assourdissante, musique produite par les artistes noirs (griots), toujours prêts à saisir les instruments qu'ils portent avec eux,

le capitaine s'élança tête basse dans la première vague qu'il traversa en plein dessous ;
car il piquait dedans pour éviter sa force pro-
jetant sur terre dans le sommet.

Ceci est un détail très important à noter,
pour qui n'est pas familier avec les phénomènes maritimes : la vague ne marche pas
d'un bloc en avant ; elle roule sur elle-même.

Pour comprendre l'action d'une série de
vagues, il faut attacher une ficelle assez longue,
par une de ses extrémités, à un anneau, lequel
est scellé dans un mur, un arbre, une porte,
dans un obstacle fixe enfin.

L'expérimentateur se place à distance, de
façon à ce que la corde soit assez lâche pendant l'opération ; il prend en main l'extrémité
libre de la corde et il secoue celle-ci.

Que se passe-t-il ?

La corde secouée ondoie comme un serpent
et forme une série de courbes.

Ces courbes simulent une série de vagues.

Mais la corde n'avance pas.

Mais elle s'arrête à l'anneau.

Il faut donc admettre que tout en ayant l'air
de se mouvoir en avant, il se produit ce que
les physiciens appellent une action réflexe ; le
mouvement en dessus est réel pourtant, puisqu'un anneau libre, placé dans la corde, va
toujours à l'anneau fixe, à la condition toutefois que la main qui agite la corde soit plus
élevée que le point d'attache de la corde.

Question de niveau plus haut.

Si, au contraire, la main était plus basse,

l'anneau libre de l'autre extrémité reviendrait sur l'explorateur.

Or, quand le vent pousse la surface de la mer vers la côte, il en surélève le niveau et les objets flottants vont à la rive.

Ce serait tout le contraire pour un objet un peu plus lourd, très peu par exemple, qui aurait une tendance à gagner le fond ; placé à bord, saisi par le ressac, il tendrait toujours à s'écarter par suite du remous, la vague, dans son dessous, roulant toujours en sens inverse du dessus; celui-ci roule vers la plage, le dessous vers le large.

Voilà pourquoi un vrai nageur en mer *pique* dans la vague et la *coupe* pour s'éloigner du bord.

Le capitaine était trop expérimenté pour ne point le savoir. Son liège le soutenait suffisamment, mais ne l'empêchait pas de plonger. Il traversa la première vague.

Il fut perdu de vue et, pendant plus de dix minutes, la foule haletante se demanda s'il réussirait; certainement son idée, pour originale qu'elle fût, était logique.

On se le disait.

— Mais, faisait observer le gérant, est-ce que l'acier résistera à la dent d'un requin ?

L'esclave Polyte qui écoutait, prit la parole et dit dans un patois dont nous ne reproduirons pas les excentricités, car ce serait fatiguer le lecteur, Polyte, disons-nous, se mit à rire et rassura le gérant :

— Le maître, dit-il, il y a six jours, a lancé

son homme de fer, tout monté et bourré de cotonnade, à la mer ; les requins l'ont attaqué sûrement, marquant leurs dents sur le fer ; mais ils n'ont pu le rompre.

L'esclave disait fer, ne sachant pas la différence de celui-ci et de l'acier.

— Ma foi, messieurs, dit le gérant aux Européens, si le capitaine est original, il n'est pas toqué ; j'ajoute même qu'il est pratique. Il a tout prévu et il a expérimenté.

— J'ai toujours regardé le capitaine Olivier, déclara un marin yankee, comme un homme hardi, ingénieux, inventif, mais sensé.

— C'est un oseur ! dit un employé de la maison Régis.

Tout à coup un Noir poussa un grand cri et montra une masse énorme sur la rive ; la troisième vague d'un coup de la barre l'y avait déposée.

— Requin ! Requin ! crièrent les nègres.

— Requin du maître ! s'exclamèrent les esclaves du capitaine.

— Ah ! s'écria le gérant, voilà sa pêche et son poisson.

On courut vers le squale.

Il avait le ventre fendu et les entrailles en sortaient.

— Quel coup de couteau ! criait-on.

— Ah ! cet Olivier, c'est un maître homme !

— Lion sur terre et en mer !

— Lion marin !

— Quand il mourra, déclara un féticheur, nous le déclarerons requin-fétiche et, tous les ans, on fera une fête religieuse en son honneur.

Un autre requin vint à la côte, au milieu de l'enthousiasme général qui ne fit que grandir; le capitaine se complaisait à *sa pêche;* il tua douze squales; puis enfin un treizième.

Ce trait fit crier au gérant :

— Treize à la douzaine ! Beau joueur ! Messieurs, je paie le champagne, ici, sur la plage. A la santé du capitaine Olivier !

Aux Noirs :

— Allons, vous autres ! Tirez les requins hors de l'eau ! Vous boirez du rhum en l'honneur d'un homme qui sera fétiche après sa mort.

Et il donna des ordres pour que l'on allât chercher un panier de champagne et un baril de rhum.

Quand on apporta l'un et l'autre, le petit pierrier tira un coup sonore.

Il avait vu flotter au delà de la barre le drapeau du capitaine Olivier.

— Vive la France ! cria le gérant.

Noirs et Blanc, répétèrent le cri avec enthousiasme.

Seuls, les employés des maisons allemandes se contentèrent de sourire... jaune !

Les nègres se mirent à boire et leur vrai caractère éclata bientôt avec exubérance, caractère plein de contrastes.

« Le Dahoméen, si féroce pendant les sacrifices humains et au cours d'une guerre, dit Chaudoin, est très gai, aimant la plaisanterie, et riant à propos de tout, s'amusant comme un enfant avec un rien.

« La première idée qui lui passe par la tête devient le motif d'une chanson : le Blanc qui passe, un oiseau, le moindre petit fait se produit-il, que le chanteur de la bande compose aussitôt une chanson sur un rythme nasillard qui rappelle les rapsodes algériens.

« Au moment de la pleine lune, les veillées se prolongent fort tard dans les salams, et tout le monde s'en donne à cœur joie à danser, à chanter et à conter des histoires, en accompagnant le tout d'une musique infernale jusqu'à une heure fort avancée de la nuit. »

Les chanteurs du village improvisèrent donc des couplets en l'honneur du héros blanc qui tuait les requins ; ils célébrèrent son frère, sa sœur, sa fiancée, sa mère.

Et tout le peuple reprenait le refrain.

Puis peu à peu une sorte de frénésie s'empara de cette foule.

Chaudoin décrit la passion des nègres de Widah pour la musique de la danse :

« Le Dahoméen, aimant passionnément la danse, qui est sa plus grande distraction, ne se sent plus, ne tient plus en place dès qu'il entend le rythme d'une danse du pays cadencée sur des tams-tams et des tambours, morceaux de bois creusés et recouverts de peau, accompagnés par des gourdes vides sur lesquelles battent de petits os attachés les uns aux autres, qui l'enveloppent comme d'un filet ; les trompes en défenses d'éléphant creusées, aux sons sourds et gutturaux, des clochettes de fer sur lesquelles ils tapent avec un morceau de fer, font un charivari épouvantable en marquant les trois temps de la danse du pays.

« Le vrai musicien, le chanteur, accompagne ses chansons monotones et nasillardes sur une petite guitare en bambou, en forme de planchette carrée, sur laquelle sont tendues des fibres de bambou, qui remplacent très désavantageusement les cordes ; les improvisateurs en tirent trois ou quatre sons de mandoline fêlée dont ils accompagnent toutes leurs chansons.

« Dès les premières mesures de danse, le Dahoméen ne se possède plus ; sa figure s'éclaircit, sa face mime toutes les phases de la danse, il accompagne la musique en se frappant la poitrine et en exécutant des contorsions et des entrechats du dernier comique. »

Les Noirs de la plage et leurs femmes, incités à la danse par les chants et la musique, ne pouvaient résister aux appels du tambour. Rien de curieux à voir, comme une foule de Dahoméens entrant en branle.

« Ils s'entraînent légèrement par une série de contorsions ondulées et de déhanchements rythmés, puis, par à coups, une jambe ou un bras brusquement se détendent, la désarticulation devient plus prononcée et plus rapide ; enfin, les reins se cambrent violemment, les coudes se collent au corps, la tête se rejette en arrière, creusant encore davantage l'encolure, et les jambes exécutent une gigue échevelée.

« Le moment psychologique est arrivé; nul ne résiste à l'entraînement. »

En quelques minutes la plage fut transformée en bal public et tout le monde dansa à terre pendant que le capitaine Olivier dansait sur les vagues.

———————

CHAPITRE III

A bord.

La *Mouette*, navire à vapeur français venant de Nantes, était un très joli vapeur qui voyageait le plus souvent le long de la côte d'Afrique, tout en touchant, presque à chaque voyage, à cette pointe de l'Amérique qui fait face; elle y complétait ses chargements.

En ce moment, elle était affrétée par le capitaine Olivier, auquel elle apportait quantité de marchandises destinées à certain échange important, convenu avec le roi Behanzin, que le capitaine avait vu à Abomey, sa capitale.

La *Mouette* avait signalé sa présence; de son pont, l'on avait entendu le coup de pierrier annonçant son arrivée; mais, vu l'état de la barre, personne ne s'attendait à ce que quelqu'un s'aventurât en mer, avant que le calme fût revenu.

Tout à coup, la vigie signala :

— Un homme à la mer.

On accourut...

Rien à la surface des flots.

— Où est-il, cet homme? demanda le commandant au matelot qui était Parisien.

« Tu es fou! S'il y avait un homme à l'eau, nous sommes si près de la barre que les requins l'auraient mangé.

— Ce n'est pas un homme ordinaire! dit la vigie.

— Qu'est-ce que c'est?

— Un homme d'armes.

— Parisien, tu te f...iches de nous.

— J'en ai vu dans les musées, des hommes d'armes! C'en est un! Ou bien c'est un scaphandre.

Et, tout à coup, le matelot triomphant s'écria :

— Il avait plongé; mais le revoilà!

C'était en effet le capitaine, armé de pied en cap.

L'équipage était ahuri d'étonnement.

La stupéfaction redoubla, quand on vit un requin, le ventre en l'air, rougir l'eau de son sang; puis d'autres requins se jeter sur l'homme d'armes qui, se défendant, tua encore un de ses adversaires, lequel surnagea.

Mais, çà et là, autour de lui, à distance, fuyant à tire-nageoires, des squales s'éloignaient plus ou moins atteints.

Le capitaine, débarrassé, se dressa jusqu'à la ceinture au-dessus d'une vague; il se mit à crier d'une voix tonnante :

— A l'eau, un canot!

Pour l'équipage, l'invraisemblable, l'impossible, l'inouï était réalisé.

Un homme d'armes à la mer !

Personne ne bougeait.

Alors l'apparition cria d'un ton railleur, en agitant un petit drapeau :

— Eh tonnerre ! vous êtes donc figés ? Je suis le capitaine Olivier.

Le commandant du bord connaissait cette voix ; il murmura :

— Encore une de ses inventions ! Diable d'homme !

Et il donna ses ordres pour que le second montât un canot que l'on mît à l'eau.

Le commandant disait, pendant l'opération, à la mère d'Olivier, accourue avec son second fils et sa fille :

— Tenez, le voilà ! Toujours extraordinaire ! Toujours original ! Il a franchi la barre, quand elle était impraticable. Il a traversé les trois vagues sans pirogue. Il a tué des requins qui n'ont pu entamer son armure. Comment nage-t-il avec cet attirail sur le corps ? Je n'en sais rien. Et, à chaque instant, il fait de ces choses incroyables qui sont cependant très pratiques. Quel homme, madame ! Quel homme !

Cependant, comme le grand canot du vapeur arrivait sur lui, Olivier cria au second :

— Lieutenant, occupez-vous des deux requins ; voyez donc à les conduire au vapeur. Ils donneront plusieurs tonnes d'huile.

— Par tous les diables, dit le second, le capitaine Olivier n'a pas volé sa réputation ; tuer deux requins et penser à en tirer de

La stupéfaction redoubla quand on vit un requin...

l'huile, comme ça, tout de suite, sur le moment, c'est d'un rude mâle !

Déjà le capitaine approchait du vapeur.

En l'abordant, il cria au capitaine qu'on lui jetât une corde quelconque, ce qui fut fait ; il s'en servit et monta sur le pont. Mère, frère et sœur se jetèrent dans ses bras !

Puis, la première émotion rapidement passée pour lui, il regarda son monde et le jugea.

— Sacrebleu ! se disait-il, les photographies ne mentaient pas ! Beau brin de fille ! Elle ne vaut pas ma Lé-Lia, qui est incomparable ; mais c'est tout de même une jolie personne. Quant au garçon, c'est un blondin qui m'a l'air d'avoir la mine éveillée d'un écureuil.

Puis, tout haut :

— Mes enfants, les émotions et le bain creusent l'estomac. Je vais faire un bout de toilette dans la chambre du capitaine et j'espère bien qu'on va nous servir un déjeuner copieux. Morbleu que je serai content de trinquer avec vous ! Voilà le plus beau jour de ma vie !

Après une dernière et chaleureuse embrassade aux siens, Olivier s'en alla, avec le commandant du bord, se vêtir, ce qui lui fut facile : comme tous les trafiquants, il profitait des occasions pour faire venir de Paris des vêtements tout faits. Il avait eu soin, ayant frété un vapeur, d'adresser une commande au Louvre, deux mois auparavant, pour que ce vapeur la lui apportât.

Il en résulta que le capitaine sortit de la

cabine du commandant tout battant neuf,
mis à la dernière mode, étonnant de chic,
mais ayant conservé une saveur d'originalité
qui lui donnait une valeur toute particulière,
très supérieure à celle que vous prête la mode,
fût-elle la dernière...

Une observation à ce sujet.

Le Sénégal est à onze jours de Bordeaux;
Widah à vingt jours. Il en résulte que l'on voit,
sur le dos des officiers et des résidents, des
costumes qui ne datent pas de plus d'un mois.
Le temps et les distances sont presque sup-
primés.

Cependant, le commandant du vapeur avait
donné au maître-coq des ordres pressants; à
bord, on sait improviser un repas; grâce aux
merveilleuses conserves de Chevet, en dix
minutes, on peut improviser un festin de gala:
il suffit de chauffer ces conserves au bain-
marie.

Un mousse qui servait à table vint annoncer que le repas était prêt. Le capitaine offrit
son bras à sa mère, qu'il avait tendrement
embrassée encore, ainsi que son frère et sa
sœur.

On descendit à la salle à manger.

Après le madère, le capitaine dut expliquer
comment son armure, au lieu de le faire couler, le portait sur l'eau.

On admira ce qu'il appelait tout simplement
son truc.

Il déclara qu'il devait y apporter une modi-
fication, parce qu'elle était trop légère, ce qui

le gênait pour plonger. Tout en mangeant, le capitaine examinait sa sœur Mathilde. Très jolie brune, aux yeux bruns, à reflet d'or, elle était d'une pétulance, d'une vivacité, d'une gaieté qui entraînaient tout son entourage dans le tourbillon de son exubérance ; elle avait un minois fin, un nez spirituellement retroussé, des yeux pétillants, des allures sautillantes ; sa conversation était originale, semée de saillies inattendues, de sauts brusques en dehors de la banalité et d'aperçus qui déroutaient les conventions.

Le capitaine fut aussitôt conquis par elle.

Quant à son frère, tout au contraire de lui, c'était un jeune homme charmant, très élégant de formes, d'une figure spirituelle, d'allures vives, évidemment très rusé, très agile de corps et d'esprit.

La mère du capitaine était une nature simple, bonne, loyale, très ferme ; fille d'une vieille race de gentilshommes bretons pauvres, n'ayant pour toute dot que cinq cents livres de rentes, elle avait rencontré un franc marin, roturier, mais capitaine au long cours, enfant trouvé qui s'appelait Olivier tout court.

Elle l'avait épousé, se mésalliant sans hésiter et se brouillant avec tous les siens.

Le capitaine Olivier, père du capitaine qui est le héros de ce drame, était mort de la fièvre jaune à la Vera-Cruz.

Mme Olivier avait fait tête au malheur et à la gêne avec une fermeté admirable ; du reste, l'aîné de ses enfants, d'abord lieutenant, puis capitaine à son tour, l'avait aidée de son mieux.

Femme de sens, très instruite, d'éducation supérieure, mais très droite, ayant les préjugés et le pédantisme en grand dédain, elle ne voyait rien bourgeoisement, encore moins aristocratiquement ; elle jugeait les choses et les hommes humainement, sans exigences, sans prétentions, sans illusions.

Telle était la famille du capitaine Olivier, que sa mère considérait comme le chef des siens et qu'elle estimait pour son grand cœur, passant par-dessus le décousu de sa vie.

— On ne peut pas, disait-elle, avoir les mêmes poids et les mêmes mesures pour un homme d'aventures que pour un bon bourgeois de Nantes.

Et elle avait raison.

Le capitaine donna des nouvelles de sa santé qui était brillante, il s'informa de celle des siens et des officiers du bord, puis on aborda la grosse question des affaires ; car le vapeur arrivait avec une grosse cargaison.

Toute la campagne entreprise par ce joli vapeur reposait sur une combinaison du capitaine et sur certain voyage qu'Olivier avait fait à Abomey, capitale du Dahomey, à l'époque des *Coutumes*.

On appelle Coutumes, la loi barbare des sacrifices humains offerts aux fétiches et aux mânes des anciens rois.

Le commandant du bord avait hâte de savoir si Olivier avait réussi.

— Eh bien ! capitaine, avez-vous fait bon voyage à Abomey ? demanda-t-il.

— Excellent. Le roi m'a bien reçu et il m'a invité à la fête des Coutumes.

— Ça ne doit pas être précisément gai ! fit le commandant.

— C'est assez dégoûtant, en effet, cette boucherie humaine ! Mais quand on a vécu, comme moi, au milieu de cannibales qui égorgeaient, dépeçaient, rôtissaient et mangeaient leurs semblables, on finit par se bronzer. Du reste, on n'a exécuté cette année que deux cents hommes, tous malades, tous atteints du mal de la terre et condamnés, par conséquent, à mourir en peu de temps.

— Les tuer, ceux-là, c'était les délivrer ! Une fois qu'un Noir s'est mis à manger de la terre, c'est un homme perdu...

Le commandant affirmait là une vérité médicale incontestable. Les nègres sont sujets à une maladie étrange, au cours de laquelle leur goût se pervertit ; ils arrachent de la terre et l'avalent ; rien ne peut les guérir de cette manie, dont ils meurent en un mois, fatalement, comme l'ont établi les études rigoureuses de nos chirurgiens militaires.

Le capitaine reprit :

— Comme il faut que les *Sacrifices* aient lieu, et comme il n'était pas en mon pouvoir de sauver tous les prisonniers, j'ai conseillé au roi de ne faire décapiter que deux cents malingres et d'épargner huit cents de ces malheureux qu'il comptait livrer au couteau.

— Et il y a consenti !

— Parbleu ! J'ai fait agir sur lui le plus sûr des arguments, l'intérêt ; je lui ai acheté ses huit cents nègres.

— Oh ! Oh ! Ça vous a coûté bon !

— Trois cents francs par tête ; mais je paie en marchandises ; vérification faite de celles que je dois verser dans les magasins du roi, chaque nègre ne me reviendra qu'à deux cents francs.

— C'est cent soixante mille francs ! Joli chiffre !

— Il faut bien faire quelque chose pour l'humanité. Mais je ne veux point passer pour meilleur que je ne suis. Je vous avouerai, entre nous, que je compte gagner la même somme. Car j'ai commission du gouvernement du Congo belge de lui fournir huit cents engagés, mille, deux mille, si possible, au prix de cinq cents francs l'un. Il y aura du déchet, je le sais, mais pas beaucoup ; car dès que l'on m'aura livré mes Noirs, ils seront très bien nourris, très bien soignés ; il en mourra très peu ; ma philanthropie bien connue et mon intérêt bien entendu me font une loi de les traiter généreusement. En somme, mes Noirs sont un capital ; moins il en meurt, plus je gagne. J'ai calculé que leur nourriture, leur transport et le déchet me coûteraient cent francs par tête ; donc je gagnerai deux cents francs par homme.

— Vous n'avez pas peur d'être tracassé par les croiseurs anglais ? La traite des esclaves est défendue.

— Esclaves! Qui oserait traiter mes Noirs d'esclaves? Ce sont des engagés libres, qui se sont loués librement. Un délégué officiel de l'Etat du Congo va venir et il fera interroger chaque nègre pour bien constater que c'est de sa propre volonté qu'il se met au service de l'Etat pour cinq années. Que peuvent dire les Anglais qui en font autant pour leurs colonies? Vous me ferez observer que c'est de l'esclavage déguisé. Possible! Mais pas un Noir ne voudrait retourner auprès du roi Behanzin, pour être saigné au prochain sacrifice. Et je peux me vanter, en toute conscience, d'avoir sauvé la vie à huit cents nègres, tout en faisant une bonne affaire [1].

— Mais, fit observer Mathilde, ces pauvres Noirs seraient bien plus heureux, s'ils étaient remis en liberté, en liberté réelle.

— Cela dépend! dit Olivier. Reconduits chez eux, il y a des chances pour qu'ils soient de nouveau razziés par Behanzin ou un autre roi. Qu'en faire? Comment les utiliser? Les missionnaires anglais et français, protestants ou catholiques, achètent autant d'esclaves qu'ils le peuvent pour les libérer. D'abord ils les convertissent; puis ils les transforment en travailleurs libres, tout comme au Congo. C'est la seule solution.

— Alors, dit Mme Olivier, cette demi-servitude est un mal inévitable?

---

1. Cette opération de traite de Noirs déguisés en engagés par le capitaine Olivier, est racontée en détail par Chaudoin : *Trois mois de captivité au Dahomey.*

— Tant qu'il y aura des Behanzins, des rois nègres chassant des esclaves pour les sacrifier, les exploiter et les vendre, il en sera ainsi.

— La France devrait faire une expédition au Dahomey et abolir ce trafic.

— Ça se fera, dit Olivier. C'est inévitable. Les Allemands et les Anglais poussent Behanzin à l'insolence ; ils espèrent pêcher en eau trouble. Mais fatalement nous nous fâcherons et nous enverrons 3 ou 4,000 hommes prendre Abomey.

— Cela suffira ? demanda le commandant.

Le capitaine expliqua comment, tout braves qu'ils fussent, les Dahoméens seraient fatalement battus.

— Je ne saurais nier, dit Olivier, que les Dahoméens sont civilisés et soumis à leurs chefs ; mais ceux-ci ne sont pas tacticiens; ils ne savent pas faire manœuvrer, faire évoluer une troupe ; ils ne parviendraient jamais à former leurs bataillons en carrés, en lignes de tirailleurs soutenues logiquement, avec formations normales pour éviter les pertes par le feu, en échiquier, en échelons. Ils ne connaissent que la guerre d'embuscades, l'assaut brutal, en masse ou en ligne, la résistance derrière un *tata* ou forteresse. Ils n'ont que des mauvais canons hors de service, dont ils ne se serviront pas. Or notre artillerie les écrasera. Notez qu'en profitant de la saison des grandes eaux, nous pouvons, de Porto-Novo, qui est un port à nous, remonter la belle rivière de l'Ouémé jusqu'à Tohoué, nos troupes longeant la rive gauche sous la protection de nós canonnières qui, avec leur artillerie redoutable, balayeraient au loin le terrain.

« A Tohoué nous établirons une redoute imprenable, formant base d'opérations.

« Les canonnières, sillonnant la rivière, de Tohoué à Porto-Novo, assureraient les communications et les ravitaillements.

« Or, Tohoué n'est qu'à 45 kilomètres d'Abomey. On marcherait sur cette ville ayant derrière soi l'appui solide de la redoute de Tohoué.

— Ainsi conçue, l'expédition ne peut que réussir, dit le commandant.

On causa longuement sur ce sujet que l'on épuisa, puis, avec beaucoup de verve, le capitaine lança la conversation dans une autre voie. Il raconta son voyage à Abomey, il dépeignit les mœurs du Dahomey, expliqua ses plans d'affaires, et, au dessert, il déclara, qu'il allait se marier avec une ravissante négresse, la perle de Widah, l'incomparable merveille du Dahomey, voire du monde entier.

Cette affirmation fit beaucoup rire Mathilde qui promit d'être très aimable avec sa future belle-sœur, dont Olivier lui dit le nom charmant : Lé-Lia.

Mⁿᵉ Olivier était sans préjugés; pourtant elle dit :

— Et tes enfants ?

— Mulâtres ils seront, ma mère ! Mais citoyens français, jouissant de tous leurs droits ! Je leur apprendrai à se faire respecter;

ils auront l'instruction, la dignité d'eux-mêmes, du courage et de l'énergie, car bons chiens chassent de race ; de plus ils seront acclimatés, avantage immense. Ils n'auront qu'à continuer à exploiter mes factoreries pour faire de grandes fortunes. On respecte toujours un homme brave, intelligent et riche, quelle que soit sa couleur :

Développant des plans d'avenir et s'adressant à son frère:

— Toi, dit-il, tu m'aideras dans mes nouvelles entreprises commerciales. J'ai des tas d'idées. La noix de kola fournit la kolaïne, un médicament des plus précieux et des plus chers; nous irons en chercher au pays de production ; mais au lieu de transporter les noix à dos d'hommes, ce qui est lourd et coûteux, nous fabriquerons la kolaïne sur place. Un seul nègre en emportera à la côte pour des milliers de francs à lui seul.

— Voilà une idée pratique! dit le commandant. A une condition toutefois.

— Laquelle ?

— C'est que vous puissiez faire de la kolaïne sans trop de frais, dans l'intérieur.

Le capitaine montra son frère.

— Voyons, Louis, dit-il, à toi de répondre. Tu sors de l'École centrale, tu connais la chimie ; je t'ai écrit de piocher surtout cette question de la kolaïne et quelques autres. Arriverons-nous à une solution pratique ?

— Mais certainement! dit Louis. Nous avons étudié la question, mon professeur de chimie

et moi ; nous avons trouvé la solution cher-
chée

— Bon ! fit le commandant. Puisqu'il en est
ainsi, l'idée vaut de l'or.

— Oh ! j'ai d'autres projets encore ! fit Olivier.

Puis en riant ; il revint sur son mariage.

— Tu sais, mon cher Louis, que je me marie à la française, ménage sérieux et mono-
game. Il y aura consécration légale par le
consul de France et consécration religieuse par
le révérend père Dorgère, un de nos missionnaires.

A sa sœur :

— Quant à toi, Mathilde, si le cœur ne te
dit pas d'un beau roi nègre quelconque, dont je
ferais un grand conquérant, si tu ne trouves
à ton goût aucun des Européens de Widah, de
Kotonou ou de Porto-Novo, voire du Grand-
Popo, je te conduirai à Saint-Louis, la capitale
du Sénégal. Les créoles raffolent des Françaises
bien élevées ; tu épouseras un millionnaire !

— Mais, protesta le commandant du vapeur
devenu pourpre, tous ces traitants sont plus
ou moins mulâtres, tout au moins quarterons.

— Des arrière-petits-fils de nègres ! s'écria
le second.

Mathilde, qui se mordait les lèvres pour ne
pas rire, éclata tout à coup, regardant mali-
cieusement le capitaine.

— Bon ! s'écria celui-ci. Tu as le préjugé de
la couleur ! Je ne m'y attendais pas. Je ne veux
pas te forcer à épouser un mulâtre ou un

quarteron ; cependant tu m'avais écrit que tu n'y répugnais pas. Enfin, souvent fille varie, bien fou qui s'y fie.

Mathilde continua à rire de bon cœur.

— Écoute, dit Olivier un peu froissé, je dois te prévenir qu'il me sera difficile de trouver, en dehors des sangs mêlés, sur la côte d'Afrique, des hommes assez riches pour une jeune fille bien élevée qui est habituée au confortable et aux délicatesses.

Mathilde ne dit mot ; il semblait qu'elle voulût laisser au commandant l'honneur de la défendre ; mais son frère l'interpella directement :

— Ma chère, dit-il, tu m'avais écrit pourtant que tu n'avais pas de préjugés, quant à la couleur de la peau.

— Eh ! mon ami, dit Mme Olivier intervenant, les idées peuvent changer.

— Alors, fit Olivier, le mariage de Mathilde devient presque impossible.

— Permettez ! fit le commandant très vivement. Je crois, moi, que sans se marier à un millionnaire, mademoiselle trouverait mieux que des créoles de sang mêlé. Oui, sûrement, je dis : mieux !

Le rire de Mathilde sonna si clair que le capitaine en comprit la signification.

— Chacun a ses idées ! dit-il. Moi, je ne contrains personne et je laisserai ma sœur se marier à sa guise, si elle trouve un mari à son goût.

Le commandant échangea un regard avec

Mathilde et reprit ses couleurs; on parla d'autre chose.

Le déjeuner terminé, le capitaine Olivier proposa d'aller fumer sur la dunette, ce qui fut accepté avec plaisir. On alluma les cigares et l'on dégusta les liqueurs.

Le capitaine Olivier réfléchissait.

De temps à autre, Mathilde observait son frère à la dérobée ; il avait l'air fort calme, mais assez sombre.

Le regard de la jeune fille se reportait ensuite sur le commandant du bord et ils échangeaient un sourire.

Mme Olivier suivait ce manège d'un œil maternel.

Certes, elle était forte de sa conscience et ne craignait pas que l'on eût à lui faire aucun reproche; mais enfin elle avait la responsabilité de l'éducation de Mathilde. Olivier avait toujours recommandé de détruire en elle le préjugé de race; il désirait la marier à quelque riche créole de sang mêlé; en ceci, les bonnes raisons ne lui manquaient certainement pas. Mme Olivier était obligée de le reconnaître. Et voilà qu'évidemment elle allait avoir à s'expliquer avec lui au sujet de l'incident qui venait de se produire à table.

Le capitaine, entraînant donc sa mère à part, lui dit d'un ton bref :

— Si je ne me trompe, le feu est aux poudres !

— Que voulez-vous dire, mon bon ami ? demanda Mme Olivier.

— Je veux dire que, sauf erreur, ma sœur brûle de se marier avec le commandant du bord.

Mme Olivier n'avait rien du bégueulisme bourgeois ; elle déclara tranquillement :

— Lui n'en brûle pas moins de son côté ! Quel mal voyez-vous à ce que ce brave, ce bon, ce beau marin épouse votre sœur ? Chaque fois que cet excellent garçon venait à Nantes, comme il était lié avec votre frère, il était reçu à la maison où je l'accueillais convenablement. Il s'est épris de votre sœur, il me l'a fait comprendre, il a fait sa cour en galant homme qu'il est, il a accepté avec joie la proposition que votre frère lui a faite d'affréter son vapeur à votre service, chaque fois que vous en avez eu besoin ; il s'est montré, pendant cette traversée, plein d'égards, de respect et de réserve ; il se propose de vous demander la main de votre sœur ; je ne vois pas en quoi ce mariage serait pour vous déplaire.

— Et vous êtes bien sûre de ce que vous dites ?

— J'en suis certaine.

— Eh bien ! je vais mettre les pieds dans le plat. Oh ! je suis carré, moi ! Droit au but !

Et quittant sa mère un peu alarmée par ses airs déterminés, le capitaine Olivier s'en alla allumer son cigare à celui du commandant auquel il dit :

— Un mot, s'il vous plaît.

Quand ils se furent éloignés, en un coin du vapeur, Olivier dit au commandant avec sa brusquerie accoutumée :

— Vous me connaissez, n'est-ce pas? Vous me connaissez bien! Pas d'erreur sur mon compte. Car ce n'est pas la première fois que j'affrète votre vapeur et que vous voyagez pour moi. Vous me connaissez! Je suis franc et très loyal. Si vous aviez, par hasard, quelque chose de particulier à me dire, mieux vaudrait en parler tout de suite que plus tard.

Le commandant n'hésita pas.

— J'ai trente-deux ans, dit-il; je suis capitaine au long cours; je puis avoir un vapeur à moi et devenir un armateur; j'aime Mlle Mathilde et je ne crois pas lui déplaire.

— Vous en êtes certain?

— Ma foi... oui.

— Eh bien! mon cher, nous serons beaux-frères. Vous vous marierez après avoir transporté mes engagés au Congo. Ça vous va-t-il? Nous pouvons nous marier en même temps.

— Parfaitement.

Ils échangèrent simplement une poignée de mains, en hommes qui sont sans arrière-pensée.

Cependant Olivier, se frappant le front, dit au commandant:

— A propos, Mathilde a deux cent mille francs de dot. Je vous engage à ne les risquer dans aucune entreprise et à les garder, au cas où un malheur vous arriverait, pour que votre femme puisse élever vos enfants.

— Avec ou sans dot, j'épouserais...

— Je sais... je sais..., mais il n'est pas mauvais d'avoir une poire pour la soif.

Regardant la mer, Olivier dit :

— La brise est tombée, la houle s'apaise, la barre devient très maniable, je vais emmener ma famille à terre ; vous voudrez bien ensuite vous occuper du débarquement de mes marchandises ; je vous renverrai la pirogue avec son équipage, pour que vous puissiez commencer le travail tout de suite. Faites donc le signal, pour que la pirogue que j'ai embauchée vienne à nous.

Sur ce, rallumant son cigare éteint, Olivier descendit dans la cabine où sa mère et sa sœur, un peu anxieuses, l'attendaient. Il dit à Mathilde sans préambule :

— Vous êtes demandée en mariage, mademoiselle. Je suis trop bon frère pour contrarier vos inclinations. J'ai donné mon consentement. Quittons donc ces airs sérieux et soyons tout à la joie ! Nous partons ! A cette heure, rien à craindre de la barre qui se comporte en bonne fille. Mais je vous recommande la plus complète immobilité. Je pense que vous montrerez du calme : il serait malheureux que la sœur du fameux capitaine Olivier fût une poule mouillée !

Mathilde promit d'être brave.

— Quant à vous, dit Olivier à sa mère, je vous connais. On dit : *tel père tel fils*. Je crois qu'il serait plus juste de dire : telle mère, tel fils. Quoi qu'il arrive, vous ne faiblirez pas.

— Assurément non ! dit Mme Olivier.

A son frère, Olivier eût jugé injurieux de dire un mot sur ce sujet.

Bientôt on vit une pirogue émerger au-dessus de la barre et dévaler sur le flanc de la dernière vague; elle aborda le vapeur.

L'heure d'affronter un danger certain, atténué il est vrai par une embellie, était venue.

CHAPITRE IV

Le raz de marée.

Le raz de marée est un phénomène, sinon fréquent, du moins assez connu sur toutes les côtes, pour que les marins en redoutent la perfidie.

Il se manifeste en tous temps; mais il est surtout terrible en mer belle, parce que l'on ne s'y attend point.

C'est, en quelque sorte, une tempête de fond qui éclate tout à coup sur la plage ou contre les falaises.

De grands mouvements de mer, au loin, au large, mouvements que l'on ne soupçonne pas près des côtes, ont leur répercussion sur celles-ci, non point par de grands troubles de surface, mais par des poussées sous-marines, impossibles à prévoir; une lame de fond jaillit tout à coup, se forme en une immense chaîne de montagne liquide et envahit le littoral jusqu'à des distances incroyables.

Toutes les mers y sont sujettes.

En Manche, en Méditerranée, en mer Noire,

dans tous les océans, le marin est surpris par ce terrible déchaînement des eaux, dont l'effet ne se fait sentir que sur les côtes, dans les rades, dans les ports, produisant des naufrages, quand on se croit en sécurité.

On prévoit la tempête à de certaỉns signes et même à des signes certains : le baromètre baisse ; les alcyons et les mouettes, les grands OISEAUX DE MERS, sinistres messagers, précèdent la tourmente ; l'état du ciel, les nuages, les sautes de vent, l'air qu'on respire et qui se fait lourd, annoncent le péril ; mais rien ne fait prévoir le raz de marée.

Aussi, le vent étant tombé, la barre étant apaisée et maniable, le capitaine Olivier n'avait-il aucune crainte.

— A moins d'un raz de marée, avait-il dit joyeusement au commandant, nous arriverons à terre en trois légères secousses, car les trois lames me semblent très douces.

— Un raz de marée, dit le commandant, c'est comme un coup de foudre dans un ciel bleu ! Nulle prudence humaine ne saurait le conjurer ; mais espérons qu'il n'y en aura pas.

Cependant cette idée d'un raz de marée possible tourmenta le capitaine.

Etait-ce un pressentiment ?

Nier le pressentiment, se moquer de ceux qui tendent à y ajouter foi, c'est le propre des esprits forts, que dans beaucoup de cas on pourrait appeler les esprits légers.

On a nié ou ignoré bien des forces inconnues qui ne se manifestaient pas.

Les grands esprits, dans l'antiquité, soupçonnaient l'électricité et sa mystérieuse puissance; ils l'appelaient *electron* sans pouvoir la définir.

Le moine Bacon, à l'époque de barbarie qui précéda la Renaissance, prédit tous les phénomènes que produit aujourd'hui l'électricité, sans savoir qu'elle en serait la cause.

Le magnétisme, la double vue, l'hypnotisme, niés hier par les savants, admis par eux, mal définis encore, étaient cependant pressentis, pratiqués même au moyen âge par de prétendus sorciers.

Un jour viendra où la loi, mystérieuse encore, des pressentiments, sera élucidée.

Non pas qu'il s'agisse de superstition, de religion ou même d'âme, de spiritualisme; non.

Nous restons, comme pour l'électricité et le magnétisme, dans l'ordre *matériel;* nous croyons que la science déterminera *matériellement*, manifestement, que l'on pressent un événement; pourquoi, comment on le pressent.

Toujours est-il que le capitaine Olivier s'en alla trouver son frère et lui dit :

— Tu sais nager ?

— Très bien.

— En mer ?

— Mais, Olivier, certainement.

— Bien nager ?

— Comme un poisson.

— Tu vas endosser mon armure liège et acier.

— Pourquoi?

— Tu prendras un couteau.

Olivier comprit et s'écria joyeux :

— Je vais aller à la nage, à la côte, tuer comme toi les requins qui se jetteront sur moi? C'est mon apprentissage. Tu vas voir que je n'ai pas peur.

— Ce n'est pas ça. Tu feras cet apprentissage sur les requins une autre fois et tu n'en tueras peut-être pas cette fois.

— Alors, frère, de quoi s'agit-il?

— Sache d'abord qu'il se produit dans la barre des lames de fond.

— Je comprends! La pirogue peut chavirer.

— Oui! En ce cas, tu défendrais ta sœur et tu la pousserais à la plage.

— Elle nage aussi très bien. Ma mère, elle-même, nage parfaitement.

— Je le sais. C'est moi qui, par droit d'aînesse, me charge de ta mère.

— Sans armure?

— Mon petit, j'ai commandé à toute une tribu de nègres pendant deux ans. Mes hommes se jouaient des requins et les tuaient.

— Tu nous as parlé de ça dans une de tes lettres et tu nous disais que le requin n'est pas aussi à craindre qu'on le croyait.

— Parce qu'il est presque aveugle, lourd, mal construit; parce qu'il a la mâchoire très en dessous du groin; parce qu'il ne peut saisir sa proie qu'en se retournant de côté. C'est ce moment que l'on saisit pour le frapper; mais il faut fendre le ventre.

Et, d'un geste, le capitaine montra la manière de s'y prendre.

Il reprit :

— Ne pouvant rester au-dessous de mes sujets, j'ai dû en découdre avec les requins et... j'en ai décousu pas mal.

— Sans armure ?

— Nu comme ver.

Et Olivier reprit :

— Je t'engage à ne pas t'occuper d'eux, si l'accident se produit, quant à toi, du moins, sur lequel ils ne peuvent rien. Ils s'abîment les dents sur l'armure, et voilà tout. Ne veille que sur ta sœur.

— J'y avais déjà pensé.

Sur ce, Olivier voulut armer lui-même son frère et y apporta grand soin.

Quand ce fut fini, on prit congé du commandant.

Nous l'avons dit, la pirogue était là avec son patron, son féticheur et son équipage.

En vue du débarquement des marchandises à livrer au roi Behanzin, marchandises apportées par le vapeur qui venait d'arriver et qui avait été frété par le capitaine Olivier, celui-ci avait loué une pirogue et un équipage de Minas; il s'agissait, étant donné que, sans savoir pourquoi, Olivier redoutait vaguement quelque lame de fond, il s'agissait, disons-nous, de donner aux Minas, en cas d'accident, du cœur au ventre.

Le nègre est sujet à des terreurs subites, à des démoralisations profondes.

En face de ce qui est soudain, en présence d'un danger qui surgit brusquement, il prend peur.

Olivier ne l'ignorait pas. C'était un vieux routier connaissant son monde.

Il fit monter les noirs piroguiers à bord ; d'un air joyeux, il leur annonça qu'il leur payait le tafia, ce qui mit les marins en gaieté. Il leur fit absorber juste ce qu'il fallait d'alcool pour les faire arriver à cette période de l'ivresse où le nègre oublie le danger. Alors, s'adressant au féticheur, il lui montra un talisman réputé infaillible ; c'était la peau d'un serpent tacheté de blanc et de rouge, très rare et presque introuvable : les nègres attribuent à ce reptile une merveilleuse puissance. (Voir CHAUDOIN, *Trois mois de captivité au Dahomey*.)

— Avec ça, dit le capitaine, rien à craindre des fétiches de la mer. Ils nous protégeront. A la pirogue ! Allons vite, à vos bancs !

— Embarque ! dit le féticheur, qui était plus allumé que les autres.

— Embarque ! Embarque ! crièrent les Minas estropiant l'anglais. Lis noirs ne craindre pas les requins avec bons fétiches.

Cependant, comme toujours, quand la barre était maniable, on voyait les squales, jouant dans les lames et faisant des bonds énormes au-dessus de la mer; il y en avait qui atteignaient à quatorze ou quinze mètres de long; ils étaient de ceux qui mutilent un homme d'un seul coup de dent.

Le capitaine, voyant les bonnes dispositions

de ses hommes, malgré le péril, leur ordonna de préparer la pirogue et il descendit dans la cabine du commandant ; il en revint bientôt, n'ayant pour tout vêtement qu'un caleçon et un pagne l'enveloppant tout entier ; autour des reins, il portait une ceinture retenant un coutelas long et large. Il trouva les Minas à leur poste ; la pirogue était prête, son avant tourné vers la plage.

Le patron, debout à la proue, la pagaïe de gouverne en main, guettait le moment favorable pour faire pousser l'embarcation vers la barre ; le féticheur, assis à l'avant, tenait dans ses mains des gris-gris, des amulettes et le fameux talisman prêté par le capitaine ; les Minas, arc-boutés, les pieds cramponnés au fond de la barque, les mains au bordage, n'attendaient que le signal du chef. Olivier sauta dans la pirogue et s'assit près du féticheur. Puis il fit placer sa mère et sa sœur sur un banc devant lui, ensuite son frère.

Le premier obstacle était une énorme vague, l'avant-barre, qui court en sens inverse de celle-ci avec la vitesse d'un cheval lancé au galop ; elle est produite par le remous de la barre, par le retour des eaux qui tendent à rétablir leur niveau, après avoir brisé ; de là, l'expression des marins, sur la plage : Vague furieuse !

Elle se dressait avec fracas, courant vers le large, couvrant d'écume la pirogue et l'équipage, produisant un remous puissant, dont les Minas profitèrent pour lancer l'embarcation dans laquelle ils manœuvraient avec adresse; poussant des cris assourdissants, ils se mirent à pagayer rapidement pour grimper en quelque sorte au dos de cet escarpement mobile qui se précipitait vers eux. Ils le surmontèrent avec beaucoup de grâce; car, en ce moment encore, la barre était ce qu'on appelle très maniable.

Rèdescendu dans le creux, de l'autre côté de l'avant-barre, ils ne sentirent plus ses effets; ils ralentirent l'allure, attendant la seconde lame, plus forte que la première. On la vit grandir tout à coup en quelques secondes, se précipiter haute, déferlante, furieuse, irrésistible, capable de broyer le plus grand navire; il semblait impossible que la pirogue, un fétu de paille pour cette masse d'eau, pût triompher d'un pareil obstacle; déjà, des requins dansaient, sautaient autour de la frêle barque; l'on entendait leurs mâchoires claquer et leurs six rangées de dents grincer, lorsque, à fleur d'eau, ils regardaient leurs proies convoitées. Le fétiicheur secouait sur eux ses gris-gris et prononçait des paroles magiques qui se perdaient dans le tonnerre assourdissant de la montagne d'eau roulante. Le patron, toujours debout, donna à ses hommes l'ordre de pagayer de toutes leurs forces; fier, superbe, dans une admirable attitude de défi, il excitait ses marins. La barque atteignit la base de la lame, se cabra comme un cheval qui refuse de sauter, monta droit dans la muraille d'eau à pic, et en couronna la cime, ne tenant plus à la mer que par l'arrière, ayant l'avant dressé vers le ciel;

puis elle redescendit sur le dos de la vague, au fond du creux qui formait abîme.

Les requins, déçus dans leur espoir, s'entassèrent autour de la pirogue et la suivirent rageusement, fixant sur les nègres leurs gros yeux ronds, troubles et sanglants.

Cette seconde lame s'était si subitement enflée, si extraordinairement gonflée que le capitaine Olivier fut convaincu que c'était une lame de fond et que le raz de marée se produisait.

Il dit froidement, dans le calme relatif que l'on éprouvait dans l'entre-deux vagues, à sa mère et à sa sœur :

— Attention ! Si nous chavirons, nagez en coupe, le plus vivement possible vers la rive. Nous sommes là pour écarter les requins.

Subit, terrible, le raz de marée commençait à se déchaîner.

En arrière, les lames franchies se soulevaient extraordinairement ; en avant, la troisième, la plus redoutable, se dressait à quelques brasses à peine ; elle apparut si formidable et si haute, que les faces noires des Minas prirent ce teint sale et terreux du nègre qui pâlit ; la crête surplombait tellement que le patron s'attendit à chavirer au milieu des requins. Le capitaine Olivier se débarrassa de son pagne ; il prévoyait que la barque serait retournée, quille en l'air ; il prit en main son coutelas ; le féticheur hurla des incantations et supplia le Dieu de la Mer en tendant vers la vague ses talismans ; le patron, par des cris rauques, scandés de plus en plus vite, poussa à son paroxysme l'ardeur de son équipage. La pirogue vola sur les flots qu'elle effleurait à peine. La vague furieuse, avec sa crinière d'écume, semblait vivre, monstre immense surgi du fond des eaux; elle se précipitait, elle se ruait avec une rapidité vertigineuse. La pirogue piqua comme une flèche dans le flanc de la lame; elle allait en couper la cime, quand elle se renversa, jetant l'équipage aux requins.

Le sang rougit l'eau et l'embrun se teignit d'une mousse rougeâtre...

Les requins faisaient curée.

Du sémaphore, le signal « pirogue chavirée! » était parti; aussitôt, tout le monde se précipita vers la plage pour porter secours.

La lame avait lancé, loin sur le sable envahi, les vivants et les morts; mais, en se retirant, elle avait repris ces derniers tout meurtris, ayant déjà des membres coupés, des lambeaux de bras arrachés.

Ceux qui avaient touché la terre indemnes avaient pu faire effort pour résister aux entraînements du recul du flot.

Le capitaine, abordant, avait entraîné sa mère hors d'atteinte, puis il avait couru vers sa sœur et son frère :

— Rien ? avait-il demandé laconiquement à Mathilde.

— Rien ! Et maman ?

— Là-bas saine et sauve!

Les deux jeunes gens s'étaient dirigés du côté indiqué; Olivier s'était précipité vers un nègre blessé dont personne ne s'occupa. Il appela des hamaquaires et leur dit de transporter ce malheureux dans la factorerie; les hamaquaires s'y refusèrent.

Inutile d'insister !

Olivier savait pourquoi ils se montraient à ce point inhumains.

Mais ses deux esclaves, à lui, arrivaient; il leur confia le blessé.

Il manquait deux Minas.

Pendant près de vingt minutes, les requins se disputèrent ces proies, se livrant des combats acharnés; mais on en vit trois qui se pâmaient et qui étaient poussés à terre, portant la marque du capitaine Olivier, fendus sous le ventre par son furieux coup de couteau.

— Ceux-là, dit-il, ont été trop gourmands. Ils ont voulu manger ma mère et je les ai servis.

Il se servait là d'un terme de vénerie.

Cependant les nègres entouraient le capitaine, manifestant leur admiration; les Minas survivants étaient au premier rang.

— Tu es brave comme le léopard! lui disaient-ils. Tu es adroit comme le singe! Tu nages mieux que la dorade !

C'était un concert de louanges.

Le féticheur menait le chœur.

— Les Dieux te protègent, capitaine Olivier ! s'écriait-il. Oui, les Grands Dieux sont tes amis! Celui des Eaux-Profondes t'a donné pouvoir sur les requins. C'est ton serpent-fétiche qui te vaut l'affection des divinités supérieures.

Le capitaine ne mâchait jamais son mépris pour les nègres.

— En fait de fétiches, dit-il, voilà celui en qui j'ai confiance.

Et il montrait son couteau.

— Vous autres, Minas, reprit-il, vous qui aites métier de barreurs, qui êtes exposés à la dent des requins, vous devriez, comme moi, vous défendre contre eux. Les nègres de la côte orientale se battent avec les requins et j'ai appris d'eux à les tuer, au moment où, lourdement, pour saisir leur proie, ils se tournent de côté, ne pouvant mordre qu'étant presque couchés sur le dos. Mais au lieu de vous fier à un bon couteau, vous comptez sur des gris-gris qui n'ont pas sauvé vos malheureux camarades.

— Parce qu'ils ont offensé les fétiches! dit le féticheur.

— Oui! oui! murmurèrent les autres Noirs.

— Vous êtes des brutes! déclara le capitaine. Rien à faire avec vous. Vous naissez imbéciles et vous mourrez tels.

Eux souriaient.

Entêtés dans leur idée, ils couvraient la voix du capitaine, le féticheur criant :

— Ta langue est habile! Tu crois au fétiche, puisque tu le portes. Mais tu ne veux pas avoir l'air d'y croire, parce que tu es chrétien.

Et tous ensemble :

— Il y croit! Il y croit! Il y croit! Ceux qui

sont morts avaient offensé le serpent-fétiche!
Celui qui est mordu l'avait offensé aussi. Personne, personne, personne de nous ne l'aidera
à guérir; il vivra ou mourra à la volonté du
serpent.

Olivier murmura :

— Rien à faire entendre à ces brutes !

Il connaissait cette superstition invincible,
sur laquelle Chaudoin donne les détails curieux
qui suivent :

« Tous les débarquements, dit-il, ne s'accomplissent pas heureusement : j'ai vu, étant
agent de plage, des pirogues chavirer (ce qui
arrive souvent), et de malheureux Minas saisis
par les requins.

« Un cri strident retentit ; on voit le malheureux entraîné au fond par une force invisible ;
un bouillon remonte à la surface de l'eau : il
vient d'être pris par le monstre ; son corps
revient à la surface, le requin le ressaisit et le
fait plonger comme le bouchon d'une ligne où
le poison mord, et, finalement, le corps mutilé
et pantelant vient s'échouer sur la plage.

« Tout le monde s'enfuit et l'on a grand mal
à décider quelqu'un à aller tenter de l'arracher
à la mort ; ce qui est bien chanceux, car, outre
qu'il n'est pas facile d'enlever un homme aux
requins, les morsures de ceux-ci sont presque
toujours mortelles et il est rare qu'un homme
y survive.

« Les Minas ont d'ailleurs une grande répugnance à aller chercher les gens touchés par
les requins ; tous, en effet, portent des fétiches

Quand elle apportait le poisson...

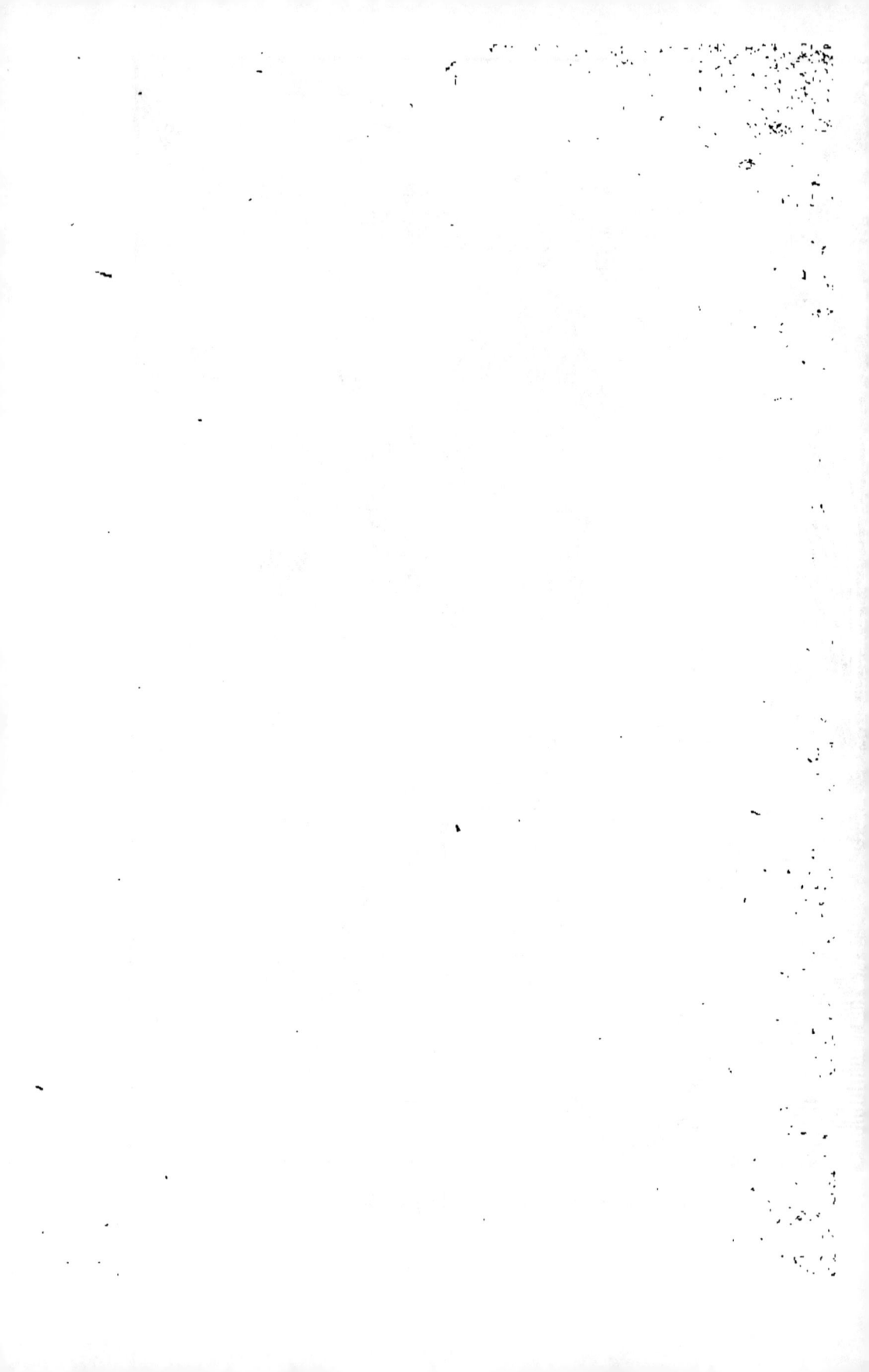

qui doivent les préserver de leurs dents, et celui qui, malgré cela, en est mordu, est supposé, par cela même, avoir commis une mauvaise action ou un crime, qui a détruit l'action préservatrice de son fétiche. Dès qu'un accident de requin est arrivé, les Minas ne veulent plus travailler, et ce n'est qu'à force de cadeaux et de libations de tafia qu'on arrive à les faire remettre au travail au bout de un ou deux jours. »

Le capitaine Olivier, laissant la foule des Noirs, très animée par les libations, chanter ses louanges, s'occupa du blessé, puis des siens.

Déjà le gérant avait emmené ceux-ci à la forteresse pour changer d'habits.

On confia ceux de Mathilde et de Mme Olivier à une femme indigène qui les purgea, dans de l'eau douce, de l'eau de mer dont ils étaient imprégnés ; elle les fit sécher, les rapporta avec ses fers à repasser et autres instruments dont se servent les blanchisseuses indigènes; d'après les indications de Mme Olivier, avec beaucoup d'intelligence, cette Dahoméenne remit en bon état linge, corsages et jupes: c'était une très jeune fille.

Mme Olivier s'enquit de sa situation, la trouvant aimable et obligeante: c'était une esclave appartenant à un trafiquant indigène qui consentit à la vendre un bon prix.

Elle parlait assez le français pour que l'on pût utiliser sa bonne volonté.

— Tu t'appelleras Cora, lui dit Mme Olivier. Tu seras notre femme de chambre.

Cora se fit expliquer ce que c'était que cet emploi : elle jugea que c'était une haute dignité et se montra très fière et ravie de ce changement de destinée.

Cependant les deux esclaves du capitaine, Polyte et Adolphe, se démenaient pour recruter des hamaquaires, car il s'agissait de gagner Widah-Ville. Ils finirent par en trouver autant qu'il en fallait ; Cora elle-même eut son hamac, ce qui lui parut absolument extraordinaire.

Une esclave portée comme une Blanche !

Cela ne s'était jamais vu.

On prit congé du gérant de la factorerie, on se hissa dans les hamacs, les porteurs les enlevèrent et on se dirigea vers Widah.

Mais la population de la plage, surexcitée par les événements du jour, par le rhum distribué, par l'enthousiasme, se forma en cortège et accompagna les hamacs, faisant une ovation délirante aux héros et aux héroïnes du drame qui venait de se passer.

Au son des instruments, la foule courut derrière les porteurs, chantant, dansant et se livrant à toutes les extravagances dont les Noirs sont capables ; elle ne s'arrêta qu'au bord de la lagune.

Ce voyage de Widah-Plage à Widah-Ville est très pittoresque, très intéressant, et il ouvre au nouveau débarqué une perspective sur le Dahomey.

Citons Chaudoin qui a décrit sa première promenade d'une ville à l'autre et qui donne des détails typiques, notamment sur la lagune :

« La lagune, dit-il, a environ 150 à 200 mètres de large et nous la franchissons assez vite.

« Arrivés en terre ferme, sur la rive opposée, nous nous trouvons devant la case du décimère.

« Sous un bosquet de palmiers, la route est bordée de deux fétiches, reconnaissables à deux bambous placés à leurs côtés, où flotte un petit chiffon blanc.

« L'un de ces fétiches est un gros canon de fer rongé par la rouille, cadeau de quelque négrier, ou épave de quelque navire perdu à la côte; l'autre, une petite case en paille ronde au toit conique, mais fermée de tous côtés.

« Le décimère, vieux nègre à barbe blanche, chargé de percevoir les droits du roi sur les marchandises qui arrivent à Widah, me salue des deux mains en me faisant de petites révérences très comiques et en marmottant probablement des saluts de bienvenue qui finissent par : « Tafia ! Tafia ! »

« Comme de juste, je garde le mutisme le plus parfait, et mes hamaquaires continuent leur route.

« Il fait une chaleur épouvantable, il est près de onze heures du matin, je suis littéralement en eau malgré mes vêtements très légers.

« Il doit y avoir de 45° à 50° de chaleur.

« Devant moi s'élève une ravissante petite

forêt de palmiers, très touffue ; nous y arrivons bientôt : c'est Jambodji, petit village qui est à moitié chemin de Widah-Ville et de Widah-Plage.

« La population de Jambodji est composée de soldats, c'est l'avant-poste de Widah ; mais comme le roi ne donne aucune solde à ses troupes, celles-ci gagnent leur vie et occupent les loisirs que leur laisse le métier des armes et la garde de la plage, en pêchant.

« Le métier est lucratif, les lagunes sont poissonneuses et le Noir est très friand de poissons ; leurs femmes les font sécher ou boucaner et vont ensuite les vendre sur les marchés de Widah.

« Jambodgi possède aussi un collège de féticheuses très renommées et dont les fêtes sont très courues parmi la population indigène de Widah.

« Elles sont vouées au culte du fétiche de la mer et lui immolent plusieurs fois par an des jeunes filles vierges. »

Telle est la description de la route, qui va de la plage au joli village de Jambodji, par un homme qui en a souvent fait le trajet.

Le capitaine devait s'arrêter dans ce petit pays charmant, puisque c'était là que demeurait la Perle de Widah, sa fiancée. Mais au moment même où Olivier croyait pouvoir se marier tranquillement, un orage menaçant se formait contre lui à la cour de Behanzin où il avait séjourné, comme nous l'avons vu, pour affaires, quelque temps auparavant.

CHAPITRE V

La cour de Behanzin.

En effet, lors de son dernier voyage auprès de Behanzin, ce qui nous force à remonter le cours des événements, il s'était passé certaines choses flatteuses pour l'amour-propre du capitaine, mais assez compromettantes pour ses projets. Un mot sur le roi d'Abomey et son palais.

La cour de Behanzin est aussi aristocratiquement, aussi hiérarchiquement, aussi féodalement ordonnée que l'était celle d'un Louis XI ou d'un François Iᵉʳ.

Comme le dit très bien Chaudoin, nous, Européens, nous sommes toujours tentés d'appeler sauvages les nations qui ne nous ressemblent pas comme couleur, dont les usages sont différents des nôtres et dont nous ne comprenons pas la langue.

C'est là une grosse erreur de notre part et qui nous attire bien souvent des mécomptes.

Le Dahomey n'est pas peuplé de sauvages qui, comme par exemple la brute, ne vivent qu'au gré de leurs instincts sanguinaires.

Bien loin de là; car, à côté des sacrifices humains qui s'accomplissent régulièrement toutes les années dans la capitale et qui, malgré leur barbarie apparente, ont une raison d'être, on trouve dans ce pays des lois remarquables et bien en rapport avec le peuple qu'elles régissent.

La cour du roi Behanzin présente des contrastes extraordinaires. En raison de la race, du climat, de certains besoins qui n'existent pas, de l'écriture, inconnue, le Dahomey, son roi, sa cour présentent des côtes barbares qui étonnent, des lois religieuses féroces qui révoltent, des superstitions qui font hausser les épaules; mais, d'autre part, certaines industries y sont très avancées, les institutions y sont tutélaires contre le vol, le meurtre et l'adultère, la perception des impôts est parfaite, l'administration politique est excellente et le système féodal, couronné par un despotisme que tempèrent les coutumes, fonctionne sans troubles et sans heurt.

Un luxe, mêlé d'étrange simplicité, règne à la cour; le visiteur qui y est admis reste stupéfait de certaines splendeurs et de ce que, nous, Européens, nous appellerions certaines misères.

Mais la caractéristique de cette cour, c'est la rigoureuse étiquette, le respect sacré pour la personne royale et pour sa famille.

Tous les princes, toutes les princesses du sang sont au-dessus de l'humanité.

Le roi, lui-même, imprégné de ce préjugé,

se regardant comme étant d'essence divine, considère ses proches comme participant de cette origine auguste et il les traite avec déférence, de demi-dieu à demi-dieu.

Or, un mois avant les événements que nous avons racontés et qui se passaient à Widah, le capitaine Olivier se trouvait à Abomey; il assistait aux sacrifices voulus par la coutume et il traitait avec Behanzin pour un lot d'esclaves transformés en travailleurs libres.

Admis souvent en présence de sa *Très Féticheuse Majesté*, *féticheuse* pris dans le sens de sacrée, invité à plusieurs banquets, très connu par ses exploits grossis, défigurés par la renommée et devenus légendaires, passant pour un être extraordinaire, doué d'une force inouïe, de pouvoirs occultes, d'une science mystérieuse, le capitaine Olivier avait obtenu à la cour un succès prodigieux.

Doué d'un pouvoir magnétique, qu'il avait longtemps ignoré et qui lui avait été révélé quelques années auparavant, alors, qu'en riant, il voulait endormir une négresse et y avait réussi, frappé de ce résultat, comprenant tout le parti à en tirer, étant allé à Paris pour affaires et y ayant fréquenté Donato, le *medium*, le capitaine Olivier, fort de ce moyen excellent d'impressionner les nègres, avait donné à la cour des séances d'hypnotisme, de catalepsie, d'insensibilisation qui avaient plongé roi, princes, princesses, féticheurs, courtisans dans l'admiration et aussi dans la crainte.

Or, il se trouva beaucoup de jeunes personnes

distinguées, à la cour de Behanzin, qui se mirent à rêver du capitaine Olivier. La femme dahoméenne, comme le disent très bien Chaudoin et tous les explorateurs, est très sensible aux charmes de l'Européen; mais, quand celui-ci se présente sous l'aspect d'un homme aussi remarquable que le capitaine Olivier, il n'a plus qu'à laisser tomber son mouchoir.

Il ne faudrait pas croire que toutes les négresses sont à dédaigner.

Tant s'en faut.

On a pu voir à la dernière exposition universelle et dans les exhibitions successives du Jardin d'acclimatation, combien la race noire différait de tribu à tribu : les Hottentots sont laids, les Cafres sont superbes et les Abyssiniens sont très beaux; les Dahoméens sont des hommes magnifiques comme formes. Dans son livre, plein de documents intéressants, Chaudoin décrit ainsi la femme dahoméenne :

« Elle est, dit-il, plus petite que l'homme, très bien faite de corps, gracieuse. Au moral, elle est femme. Les Dahoméennes, coquettes comme les Parisiennes, sont ravissantes lorsqu'elles s'en vont à la foire, gracieusement drapées dans un pagne de couleurs voyantes, une calebasse bien blanche sur la tête, minaudant, faisant des effets de bras (ceux-ci sont très bien faits, par parenthèse), avec cette démarche onduleuse particulière aux femmes de l'Orient. Très douce, très aimante, très dévouée aux intérêts de son mari, elle est très bonne mère et l'adultère, toujours puni de mort, est à peu près inconnu au Dahomey.

« Le costume de la Dahoméenne est très gracieux : c'est d'abord, autour des reins, une ceinture formée de grosses perles de verre ou de corail, soutenant deux pièces d'étoffe qui tombent, l'une par devant, l'autre par derrière. Puis, un premier pagne très court, en soie ou en belle cotonnade, est roulé autour de la taille et descend jusqu'à mi-cuisse ; c'est une sorte de jupon, retenu par un foulard de soie. Par-dessus encore, un grand pagne, roulé au-dessus des seins, descend jusqu'à la cheville ; c'est une espèce de manteau, un peplum.

« Lorsqu'elles sont femmes de condition ou d'Européens, les Dahoméennes ont le droit de porter le chapeau du pays ; il est en bambou et en paille de mandille, très bien tressé, à larges bords et à petite calotte ; une longue mentonnière permet de le porter en sautoir sur le dos ; c'est là que les Dahoméennes sont vraiment ravissantes, drapées dans le grand pagne bleu qu'elles ne laissent jamais tranquille, le faisant onduler d'un côté ou de l'autre ou le saisissant à deux mains et l'élevant déployé, flottant en pavillon, le chapeau alors crânement ramené sur la tête, parlant à la petite esclave qui les suit, tout en minaudant avec des poses pittoresques et des déhanchements provocateurs ; alors elles sont irrésistibles. » (*Trois mois de captivité au Dahomey.*)

Après cette fringante description de Chaudoin, on peut répéter que les bonnes fortunes au Dahomey ne sont pas à dédaigner.

Si Olivier avait voulu, pareil à un sultan, il n'aurait eu qu'à jeter le mouchoir.

Mais... l'adultère est puni de mort; d'autre part, il aurait fallu couronner la flamme de jeunes négresses bien nées en les épousant.

Se monter un harem dispendieux n'entrait pas dans les goûts d'Olivier.

Il advint que parmi celles qui s'éprirent de lui, se trouva la propre sœur du roi, dernière fille de Géglé, prédécesseur de Behanzin.

C'était une jeune fille de dix-huit ans, ce qui est, en ces pays, l'équivalent de vingt-deux ans en Europe, au point de vue physique et moral.

Beauté superbe! Sœur de père seulement du roi, elle avait pour mère une Abyssinienne d'un type très pur, au nez aquilin, aux lèvres minces, au port superbe, au développement sculptural.

Elle tenait d'elle; mais elle avait en plus l'affinement aristocratique de la race royale par son père; car, de l'aveu général, cette race de rois nègres du Dahomey est, en somme, très distinguée.

Impérieuse, convaincue qu'elle était fort au-dessus de tous les partis qu'on lui proposait, elle avait toujours refusé de se marier.

L'orgueil, en elle, tuait l'amour.

Mais le capitaine Olivier parut et... elle fut vaincue.

Avec la duplicité coquette commune aux femmes de tous les pays, elle dissimula d'abord et pensa triompher par le seul mais

irrésistible attrait, selon elle, de sa beauté ; elle
se contenta d'abord de quelques sourires affa-
bles, de quelques mots aimables devant faire
naître l'espérance ; puis elle rentrait dans son
rôle de princesse dédaigneuse des simples
mortels.

Ce jeu ne lui réussit pas.

Olivier, très préoccupé de son affaire avec le
roi, décidé à faire une fin, comme il le disait,
en se mariant avec une jeune négresse qu'il
aimait et qui habitait Widah, Olivier ne s'occupa pas le moins du monde de la princesse.

Celle-ci alors fit comme les déesses de
l'Olympe : elle s'humanisa au point de faire
des avances qui auraient été visibles pour tout
autre qu'un homme aveuglé par un autre
amour.

Olivier avait le bandeau sur les yeux.

Enfin, la veille de son départ, la princesse
voulut en avoir le cœur net.

Une vieille féticheuse vint trouver le capitaine et elle commença ses manœuvres diplomatiques en lui disant qu'elle venait, de la
part d'une très grande princesse, lui demander
une amulette ou un philtre d'amour.

En ceci, les Dahoméens sont bien moyen
âge, ils croient à ces choses-là.

Le capitaine était très fin, très expert en
intrigues ; il fit ses réflexions.

Vendre un philtre, cela lui eût rapporté
quelque bonne somme, mais si le philtre n'agissait pas, la grande princesse se regardait
comme trompée ; de là une ennemie et aussi

perte de son prestige ; mais si le hasard faisait que la princesse, au comble de ses vœux, croyait que le philtre avait produit effet, tout pouvait très mal tourner. Pour intrigue, il y avait intrigue. Or ces intrigues-là amènent souvent des drames secrets à la cour, des exécutions atroces. Et le capitaine pouvait être compromis à cause du philtre.

En conséquence, pas de philtre.

Mais, toujours malin, il ne refusa pas positivement ; il dit à la féticheuse :

— Je n'ai plus ni les plantes, ni les signes, ni les poudres sacrées, ni l'eau d'amour nécessaires pour composer le philtre.

Avec un sourire :

— J'en ai tant vendu qu'il ne m'en reste plus pas même pour moi, une goutte, si je voulais me faire aimer. Tu viens trop tard.

— Capitaine, dit finement la féticheuse, tu pourras te passer de cette eau d'amour et opérer toi-même le prodige.

En dahoméen, le mot dont se servit la négresse ne saurait se traduire en français autrement que nous le faisons.

— Et comment ? demanda Olivier ?

— En aimant toi-même la princesse. Tu l'épouserais...

Le capitaine avait fait son petit rêve de bonheur intime : cet homme qui avait couru le monde, toujours errant, voulait se fixer ; après les plus folles aventures galantes, il voulait une famille, des enfants, un ménage calme, un établissement fixe, où il passerait des heures

tranquilles, dirigeant de là de grandes opérations commerciales.

Il aurait volontiers autrefois épousé une
princesse dahoméenne, mais ce temps était
passé.

Il aimait sa petite négresse de Widah, une
merveille de grâce, de gentillesse et de beauté
tendre.

Il ferma l'oreille aux propositions de la négresse, mais ne voulant pas froisser une princesse, il colora son refus.

— Je ne fais rien, dit-il, sans consulter l'Esprit du Feu, qui m'inspire et qui, surtout pour
les choses d'amour, est tout spécialement pré-
posé. Voyons ce qu'il dira.

Le capitaine Olivier avait trop souvent l'occasion d'impressionner les nègres, disons
comme il le disait, de les épater, pour négliger
les moyens que la civilisation met aux mains
d'un homme habile ; il avait une caisse qui le
suivait toujours en voyage, caisse portée par
deux hamaquaires, véritables ânes chargés de
reliques, pour lesquels les autres avaient de la
déférence ; dans cette caisse, se trouvait un
appareil électrique semblable à celui de nos
docteurs, avec tous les approvisionnements de
pièces de rechange et de rechargement. Il y
avait aussi un appareil photographique instan-
tané, une boîte pour exécuter certains tours de
physique très étonnants ; un cerf-volant
démontable et machiné ; des chandelles ro-
maines produisant pluie d'étoiles, et dont le
capitaine tirait des effets surprenants, sur les

nègres superstitieux ; enfin cette caisse était bondée d'objets utiles à un charlatan de haute marque.

Citons, par exemple, une collection de ces joujous parisiens qui ont si fort étonné les Parisiens sur les boulevards, lorsque la première fois ceux-ci virent des serpents de feu, naître, grandir, se dérouler sur l'asphalte en quelques secondes.

Le capitaine, avec les simagrées les plus propres à frapper l'imagination de la féticheuse, fit ses préparatifs ; puis il fit fonctionner l'appareil électrique, et, touchant de la pointe la main de la négresse, il lui causa une vive douleur ; des étincelles crépitèrent, la vieille femme se mit à hurler.

Olivier fit cesser son supplice, la calma, mais il lui dit :

— Tu vois que le fétiche du Feu condamne ta démarche. Tu as senti comme les flèches d'une petite foudre te percer. Comme tu n'as pas agi avec mauvaise intention, le fétiche te donne un simple avis. Mais, moi, il me réduirait en poudre, si je voulais aimer cette princesse.

Après avoir eu l'air de consulter un livre cabalistique, plein de bizarres dessins, après avoir prononcé des formules baroques, Olivier reprit :

— Il ne faut pas que la princesse se désespère. L'heure n'est pas venue, voilà tout. Un jour le fétiche sera peut-être favorable.

Puis prenant, toujours dans la caisse, une de

ses photographies, il la donna à la féticheuse, et lui disant :

— Porte ce portrait de moi à celle qui t'a envoyée. Dis-lui d'espérer.

Sur ce, il avait congédié la féticheuse.

Et, le soir même, il partait pour Widah.

Une photographie, c'est quelque chose certainement, mais c'est peu pour une amoureuse du Dahomey.

La princesse Kalaza s'enflamma d'autant plus que le capitaine n'avait pas dit non ; entre elle et lui, il y avait un fétiche récalcitrant, voilà tout.

Il fallait le rendre favorable, ce fétiche !

Or, il y avait, à la cour de Behanzin, un grand féticheur du Dieu du Feu ou de la Foudre.

C'est le Dieu le plus redouté.

Chaudoin en donne une preuve des plus caractéristiques et nous la citons, car il faut que des témoins oculaires l'affirment, pour que l'on y croie.

Disons que le fait est de notoriété publique sur la côte d'Afrique.

Le voici donc d'après Chaudoin :

Une des coutumes bizarres du Dahomey est l'anathème porté aux gens, aux bêtes et aux objets touchés par la foudre.

Dès qu'un individu ou un animal est frappé, on le traîne sur la place, où un arbre immense représente le fétiche de la foudre, et là il est abandonné sur une claie à la pâture des urubus (vautours) et des rats.

Les fanatiques s'approchent du cadavre en
décomposition, en arrachant des lambeaux,
qu'ils avalent, pour apaiser le fétiche et éviter
que, dans la suite, il ne leur arrive le même
sort ; lorsque le cadavre est desséché, les os
sont brûlés et les cendres jetées dans la lagune.

Par cette sauvage et dégoûtante coutume,
on peut juger de la terreur qu'inspire le Dieu
du Feu, ou, pour mieux dire, de la Foudre.

Que l'on juge de l'influence de leurs prêtres !

Les féticheurs dahoméens font montre de
moins d'apparat et d'ostentation que les cabacères, mais leur pouvoir n'en est pas moins
grand pour être occulte.

Les rois même sont obligés de s'incliner
devant leurs décisions.

Malheur à qui les contrecarre dans leurs
desseins, il ne tarde pas à disparaître.

On s'en est débarrassé par le poison lent,
versé avec une subtilité étonnante par une
main inconnue, que, même prévenu et usant
de la plus grande vigilance, on ne peut éloigner.

Il est inutile, après ce que l'on vient de
lire, d'insister sur la haute considération dont
jouissait, à la cour de Behanzin, le grand
féticheur ; c'était un homme aussi considéré
qu'un cardinal au temps de Louis XIV.

Ils se présenta devant la princesse Kalaza,
le lendemain seulement de son appel ; il avait
voulu avoir le temps de faire son enquête et
de savoir ce dont il s'agissait.

Il importait, comme dans toutes les religions,
de faire tourner cet incident au plus grand

bien de l'Eglise, et à la plus grande gloire des petits dieux et du Grand Dieu (*ad majorem Dei gloriam*).

Car les Dahoméens ont un Dieu suprême un Dieu infini, le vrai, le seul Dieu en somme.

« Les Noirs dit Chaudoin, ont l'idée d'un Dieu supérieur qu'il nomment Mahou, mais avec lequel ils ne peuvent correspondre et qui ne peut avoir d'idole; en revanche, des fétiches qu'ils adorent représentent des dieux inférieurs, bons ou mauvais. »

Mais s'ils ne peuvent être mis en communication avec le grand dieu Mahou, les Dahoméens croient que les féticheurs et le roi, leur chef suprême, entrent en relation avec lui. C'est sur cette foi aveugle qu'est fondée la toute-puissance royale et celle des féticheurs et des féticheuses.

Lorsque la princesse, impatientée d'avoir attendu tout un jour, renvoya une esclave auprès du grand féticheur, celui-ci répondit très hautainement :

— La princesse Kalaza, qui se montre si exigeante, oublie deux choses :

(Il comptait sur ses doigts.)

« 1° Un fétiche est au service de son Dieu avant d'être aux ordres de qui que ce soit, même du roi ;

« 2° Il faut rendre le Dieu favorable et consulter le feu, l'air, les entrailles des poulets, le soleil et la lune.

« Or le Cieu n'est pas très favorable. Il m'a permis de voir et de questionner la princesse, et il m'inspirera ; mais je ne puis répondre de rien.

Donnant un soufflet à la messagère :

— Ceci pour que tu retiennes, dit-il.

Jadis, certains maîtres d'école , certains patrons en France, en usaient ainsi vis-à-vis des élèves et des apprentis.

Il ajouta :

— Kalaza, ta maîtresse, répète bien tout (ici nouveau soufflet), est dévote au Grand-Serpent, mais rien qu'à lui. Elle lui donne trop d'offrandes et pas assez au Dieu du Feu qui semble lui tenir rigueur. Mais si elle se montre généreuse, peut-être le Dieu s'apaisera-t-il ?

Et, après un soufflet plus vigoureux que les autres, un « souviens-toi » plus retentissant, il congédia la négresse, en lui disant :

— Un peu avant la nuit, heure où le soleil est moins ardent, où les hommages auront calmé le feu allumé au ciel, j'irai au palais.

Kalaza reçut fidèlement cette réponse, rapportée mot à mot.

Les nègres du Dahomey ont une prodigieuse mémoire, développée encore par l'ingénieux moyen du soufflet, largement et fréquemment appliqué, du moins aux inférieurs.

Quant aux supérieurs, ils se font suivre d'un aide-mémoire.

L'esclave écoute.

Le supérieur soufflette et dit :

— Rappelle-toi ceci, rappelle-toi cela !

C'est sommaire, mais ça réussit.

Avec sa femme, le Dahoméen cause souvent ainsi. Je ne conseille pas à mes concitoyens d'employer ce procédé (il a du bon pourtant !) avec leurs femmes. Elles se souviendraient peut être trop... du soufflet... et... s'en vengeraient... à leur manière.

Pendant toute la journée, Kalaza se rongea les ongles.

Enfin, le grand féticheur, accompagné de deux dignitaires de sa confrérie, quelque chose comme deux grands vicaires, le grand féticheur se présenta au palais. Il fut conduit à la princesse, qui congédia tout son monde. Le féticheur avait laissé ses suivants dehors ; il se trouva donc seul en présence de Kalaza.

Homme très remarquable, dépositaire de tous les secrets, de toutes les recettes charlatanesques, mais aussi parfois très scientifiques et très mystérieuses de sa caste (je dis scientifiques en ce sens que beaucoup des moyens d'action de ces féticheurs sont basés sur leur connaissance empirique de remèdes, de poisons, de pratiques ayant une action réelle), très grand politique (il vient d'en donner des preuves au cours de l'expédition du colonel Dodds), très fin, mais sans moralité, ce féticheur était le type du nègre, vicieux, roué, intelligent et hypocrite, qui sait, au nom de la religion, exploiter les fidèles crédules. Il salua la princesse, en conservant sa dignité ; puis d'un regard sec, dur et froid, il fit baisser les yeux à l'orgueilleuse Kalaza, et il commença ses momeries. Solennellement, il fit des gestes bizarres, prononça des paroles mystérieuses, et, tirant de son sein un fétiche, il le fit toucher à Kalaza.

Celle-ci lui dit alors :

— Je t'ai fait demander...

Le féticheur l'arrêta.

— Je sais pourquoi, dit-il. Tu aimes le capitaine Olivier et tu veux qu'il te prenne pour femme. Tu vas me demander un gris-gris, pour que le Français se passionne de toi ; puis tu désires que le roi ne s'oppose point à ce mariage.

Le malin prêtre savait tout cela par des affidées qu'il avait à sa dévotion et qui épiaient tous les personnages importants, hommes et femmes.

Kalaza eut la naïveté de s'étonner.

— Oui ! oui ! dit la princesse. Tu lis dans mon esprit et dans mon cœur.

— Sache donc, dit le féticheur d'une voix sévère, que tu as offensé le Dieu du Feu.

— Moi ! Jamais !

— Si ! Car tu n'as jamais fait d'offrandes à ses prêtres. Notre temple doit être réparé, notre trésor doit être rempli ; c'est toi, si riche, toi à laquelle ton frère ne refuse rien, qui dois nous venir en aide. Voilà pourquoi le Dieu du Feu, qui est indigné du peu d'affection que tu témoignes à ses féticheurs, t'a mis au cœur cet amour pour un Blanc. Et cet homme, tu ne l'épouseras que si tu désarmes la colère du Dieu contre toi.

— Que veux-tu de moi ? Dis-le ! demanda la princesse.

L'énumération fut longue et le féticheur se montra très âpre; quand la princesse hésitait à accepter une condition, le féticheur lui disait :

— Malheur sur toi ! Si tu es avare, tu es perdue; l'amour inassouvi te donnera la langueur, qui te donnera le mal de la terre, et, quand tu auras mangé de la terre, rien au monde ne te sauvera [1].

Le féticheur, outre beaucoup d'autres exigences accordées, voulait un bracelet auquel la princesse tenait beaucoup. Enfin celle-ci céda.

Alors le grand prêtre lui dit :

— Que ce soir même toutes ces richesses soient apportées au temple; nous les disposerons pour qu'elles reçoivent le premier regard du Dieu, au soleil levant. Si les signes nous montrent que le Dieu accepte, je reviendrai te dire ce que tu dois faire pour être aimée.

Et, majestueusement, le grand prêtre du Feu se retira, laissant Kalaza flottant entre la crainte et l'espérance.

---

1. Ce mal de la terre est très fréquent. Le lecteur a lu à ce sujet un document curieux tiré du livre de Chaudoin. Le nègre qui se met à manger de la terre est perdu.

CHAPITRE VI

Trois augures ne peuvent se regarder sans rire.

(Proverbe antique.)

Pendant la nuit, à la lueur d'une lampe, le grand féticheur du Feu et ses deux acolytes, enfermés dans le temple, faisaient l'inventaire des objets envoyés par Kalaza.

— Il est fort heureux, dit l'un des... grands vicaires, que le capitaine Olivier ait allumé le cœur de la princesse. Voilà poules et coqs de quoi remonter notre basse-cour.

— Ce taureau et ces deux génisses nous donneront des veaux, dit l'autre féticheur, et aussi du lait.

— Nous aurons des vêtements neufs pour la fête prochaine. Voilà de belles cotonnades et des soieries.

— Et les bijoux! fit le grand féticheur. Les comptez-vous pour rien? Nous les ferons vendre à la côte contre tout ce que nous désirerons.

Puis d'un air sérieux :

— Et cependant la princesse se montrait

indifférente pour notre Dieu! Or, savez-vous ce qui nous fait négliger par les fidèles du culte ?

— C'est que, depuis longtemps, la foudre n'a tué personne! fit un grand vicaire.

— Qui sait quand elle tuera quelqu'un ? dit l'autre avec un soupir.

— Ah! si l'on pouvait la faire descendre sur qui l'on voudrait!

— C'est possible! déclara gravement le grand féticheur. Je vous ai demandé pourquoi le temple était peu fréquenté, vous avez répondu : parce que la foudre n'a pas tué d'hommes depuis six mois. Je vous dis, moi, que c'est surtout parce que nous sommes des ignorants. Tous les Blancs affirment qu'ils ont des machines à produire la foudre et qu'ils peuvent la diriger.

— Oui, ils le disent tous.

— Il faudra les questionner, voir une de leurs machines, apprendre à s'en servir et en punir quelqu'un de ceux auxquels nous en voulons; les autres, épouvantés, nous combleront de dons.

Les grands vicaires approuvèrent fort cette idée.

Ils ignoraient que l'électricité ne peut foudroyer qu'au contact du fil conducteur, non à distance.

Après avoir examiné les présents et savouré la joie de les posséder, les trois augures dahoméens entrèrent en conseil.

Nous disons augures, et le mot est plus juste qu'on ne le croirait, puisque les féticheurs dahoméens ont la prétention de lire dans l'avenir, dans les entrailles des poulets sacrés, comme le faisaient les augures romains dont ils ont conservé beaucoup de traditions; ce qui semblerait prouver que le peuple dahoméen descend de ces Garamantes qui étaient soumis à l'influence de Rome; leur histoire les fait venir en conquérants du nord du Soudan.

Qu'allaient faire les féticheurs pour Kalaza? Un philtre?

L'un des grands vicaires le proposa, mais le grand féticheur dit :

— Un philtre, pour une petite personne qui n'ose se plaindre, s'il ne produit pas d'effet, cela peut encore se faire. Si ça ne produit pas d'effet, on donne une raison ou une autre. Si ça en produit, tout va bien. Mais Kalaza pourrait se fâcher, si le philtre n'opérait pas, et il y a chance pour qu'il n'opère pas.

Ils se mirent à rire, sachant ce que valaient leurs drogues d'amour, bien moins efficaces que leurs poisons.

Le grand féticheur reprit :

— Nul doute que le capitaine Olivier ne sache que la princesse veut se marier avec lui; mais lui, certainement, ne le veut pas. Il veut peut-être épouser une autre femme, une Blanche.

— C'est probable ! fit un grand vicaire.

— Que ferons-nous?

— Nous allons envoyer la princesse à Widah où elle surveillera les actions du capitaine. Elle connaîtra sa rivale, si elle en a une. Alors elle aura recours aux féticheuses de Jambodji qui agiront comme elles l'entendront et porteront, devant Behanzin, la responsabilité de leurs actes.

— Ah! c'est très bien! dirent les acolytes comprenant l'arrière-pensée du chef.

Mais l'un d'eux demanda :

— Sous quel prétexte l'envoyer à Widah, notre belle princesse?

— Ne sommes-nous pas médecins? Nous lui ferons comprendre que sa présence est nécessaire à Widah; que là, elle connaîtra sa rivale si elle en a une. Mais, comme il faut donner une raison de ce déplacement, nous lui conseillerons de faire la malade, de dire qu'elle a de violents désirs de manger de la terre. Le roi, qui l'aime beaucoup, s'alarmera, Kalaza nous consultera et nous conseillerons les bains de la lagune de Widah.

— Oh! très bien! s'écrièrent encore les deux acolytes.

Et le conseil fut levé.

N'était-il pas très *fin de siècle*, ce grand féticheur du Dieu du Feu [1]?

---

1. Nous nous servons de l'imparfait ; c'est le présent qu'il faudrait employer. Ce grand féticheur, très intelligent, a compris que Behanzin serait battu par nos troupes ; il est à la tête du parti de la paix et c'est lui qui a poussé le frère et l'oncle du roi à se soulever contre lui ; c'est lui qui a constitué ce parti de la paix avec lequel nous traiterons après la victoire, mettant peut-être le frère de Behanzin à sa place. De cette façon le grand féticheur, qui a calculé juste, conservera sa situation et son influence avec notre protection toute-puissante.

Trois jours après, la princesse faisait ses préparatifs de départ pour les bains de mer de Widah...

———

CHAPITRE VII

L'entrevue.

Et c'était pendant que Kalaza descendait vers la mer, pour habiter Widah, c'était en ce moment même que, quittant Widah-Plage, Olivier et sa famille arrivaient au petit hameau de Jambodji, où le capitaine allait présenter sa fiancée aux siens.

Le soleil déclinait à l'horizon, dardant ses rayons enflammés dans la lagune qui ressemblait à un lac d'or en fusion.

Les hamaquaires qui emportaient vers Widah-Ville le capitaine Olivier et sa famille, s'engagèrent dans ce petit bras de mer qu'ils devaient forcément traverser, puisqu'il sépare du continent la bande de sable sur laquelle s'élève Widah-Plage. Les nègres porteurs entrèrent dans l'eau, soulevant au-dessus de leurs têtes les bambous auxquels les hamacs étaient suspendus ; par moment, ils avaient de l'eau jusqu'aux aisselles, ils arrivèrent toutefois sur la rive opposée et ils se dirigèrent vers la ravissante petite forêt de palmiers qui entoure Jambodgi.

Un nègre, courrier du capitaine, y avait pré-
cédé celui-ci pour annoncer son arrivée; tout
le village, en rumeur, avait pris un air de fête.
Les parents et les amis de Sangogan, le père
de Lé-Lia, apprenant que le capitaine allait
traverser le village, s'étaient empressés de
revêtir leurs plus beaux vêtements; les femmes
s'étaient parées; tout le village, en cortège, se
porta au-devant des hamaquaires criant la bienvenue à tue-tête et répétant à satiété le mot
okou (bonjour). La cohue de ces braves pêcheurs
en liesse entoura les hamaquaires, et les escorta
jusqu'à la grande place du village où le capitaine et sa famille mirent pied à terre. Aussitôt les nègres, selon la coutume du pays,
quand il s'agit de saluer un grand personnage,
défilèrent un à un devant Olivier, mettant un
genou en terre et prononçant précipitamment
des *okou* sans fin; le capitaine répétait le mot
trois fois; le nègre alors faisait claquer ses
doigts médius l'un contre l'autre et cédait la
place à un autre; la cérémonie était fort
ennuyeuse, mais il fallut la subir. Enfin elle
se termina et Sangogan conduisit les Européens vers sa case.

Sur la porte, Lé-Lia, entourée de jeunes
filles, attendait son futur mari; épousant un
Européen, ennoblie par ce seul fait, selon la
coutume du pays, elle avait arboré le chapeau
réservé aux femmes de haute caste. Soulevant son pagne qu'elle fit flotter au vent, elle
s'avança d'un pas rythmé; sa marche harmo-
nique faisait onduler les lignes exquises de son

corps, et mettait en relief des grâces provocantes et juvéniles. Un ravissant sourire aux lèvres, un éclair de tendresse dans les yeux, elle vint s'agenouiller devant le capitaine qui la releva aussitôt et la présenta à sa famille.

Le lecteur a lu plus haut un passage peignant la Dahoméenne.

D'après cette description d'un témoin oculaire, on peut s'imaginer la plus jolie fille du Dahomey; or, le type idéalisé de ces négresses d'une race supérieure, s'incarnait dans celle que les Européens avaient surnommée la Perle de Widah.

Comme beauté, comme splendeur, comme perfectionnement des formes, elle l'emportait sur la fameuse Vénus de Milo par une élégance plus nerveuse et par certains affinements qui sont, dans les lignes du corps, ce que l'esprit est à l'intelligence; ces délicatesses donnent un attrait plus vif à la pureté du dessin et en corrigent la froideur ; mais le triomphe de la Vénus noire sur la Vénus blanche était surtout dans la physionomie, mobile, riante, expressive, aux yeux vifs et passionnés, à la bouche ardente, dont les dents blanches et petites étincelaient dans le sourire; le nez, à peine épaté, avait sur le nez droit des Grecques cet avantage de posséder des narines d'une mobilité extraordinaire qui appuyaient, par leur animation, ce que disait le regard; le front était plus haut, plus intelligent que celui de la Vénus antique, dont la tête, un peu trop petite, n'annonce pas l'intelligence.

Cette négresse incomparable, comme l'avait qualifiée le capitaine Olivier, s'appelait Lé-Lia; elle faisait sensation chaque matin, dans Widah, quand elle y apportait le poisson péché par son père; le panier d'osier sur sa tête, soutenu d'une main, le pagne battant les airs sous la brise, de ses deux pans comme deux ailes, le pied nu, cambré, mutin, laissant une légère empreinte sur le sol, elle passait d'un pas rapide, scandant sa marche comme une danse, semant la joie et l'amour sur son passage, fille de l'aurore qui la dorait de ses rayons, car elle partait de son village aux premières clartés de l'aube. Quoique la condition de la femme, surtout de la femme du peuple, soit très inférieure, le prestige d'une beauté rayonnante mettait au front de Lé-Lia, comme une auréole éblouissante.

Née de pauvres pêcheurs, dans la basse classe du peuple, orpheline de mère, elle avait été convoitée par des hommes riches, commerçants ou nobles; car, au Dahomey, il y a des nobles et des gentilshommes, comme chez nous il y en avait au moyen âge; le royaume, du reste, est constitué féodalement; le roi a de grands vassaux qui s'appellent des cabacères.

Pour épouser cette jolie fille, un négociant avait offert une somme considérable à son père; car on achète sa femme au Dahomey; le pauvre pêcheur avait refusé. Ceci s'était passé la veille même du jour où le capitaine conduisait à Widah sa mère, sa sœur et son frère, nouvellement débarqués.

Le grand féticheur répondit...

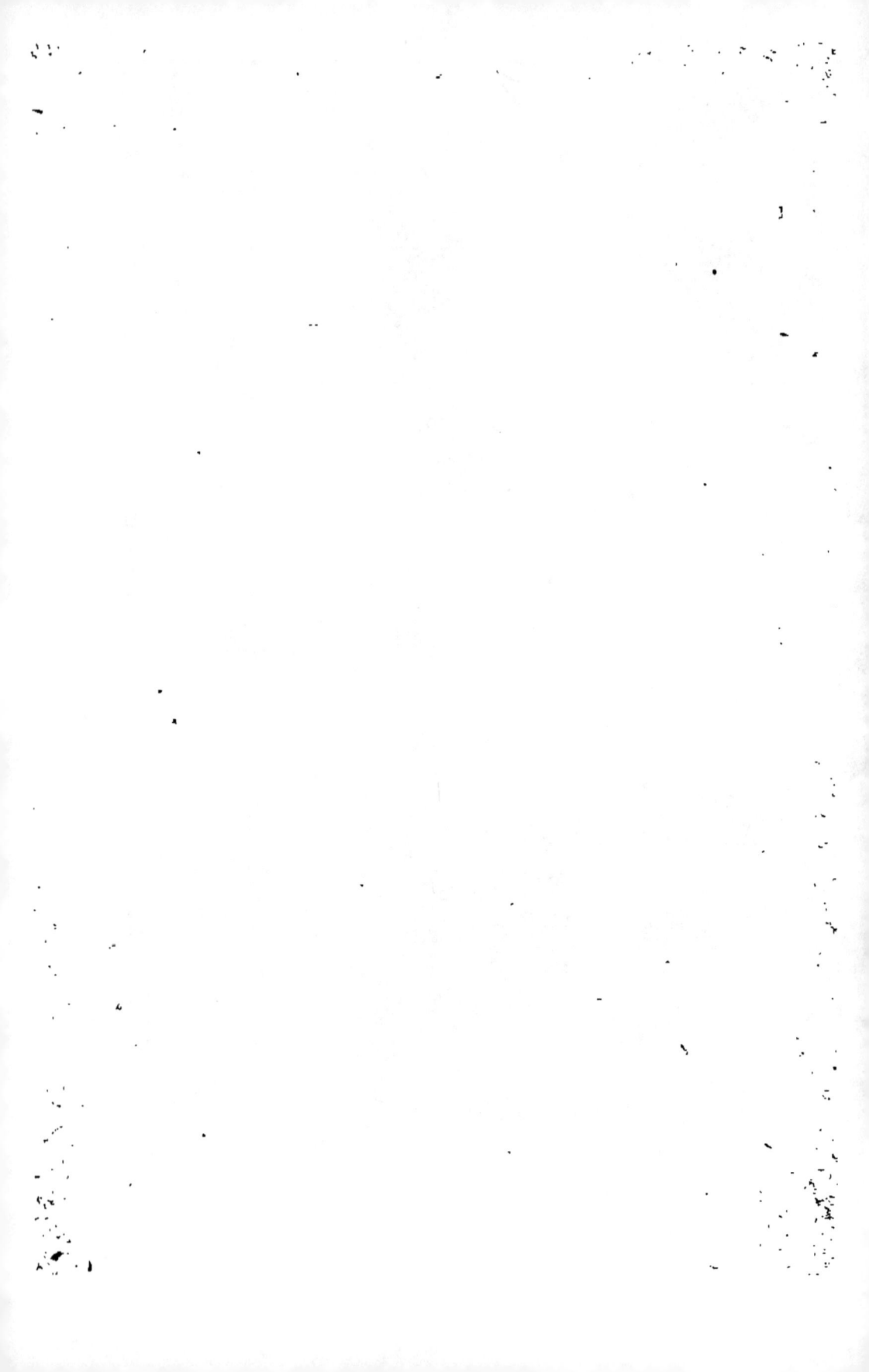

Or, le bruit s'était répandu dans la ville et l'on y trouva d'abord étrange, inouï, qu'un pauvre diable, vivant de sa pirogue et de ses filets, après s'être obstiné à repousser des gendres fort riches, mît le comble à son entêtement en n'acceptant pas les offres brillantes du plus fortuné des traitants nègres de Widah. Mais on en eut bientôt l'explication : on apprit que Lé-Lia était fiancée au capitaine Olivier.

Se marier avec un Blanc est le rêve des négresses; la supériorité de l'Européen est telle, que la femme s'en rend parfaitement compte; le plus laid des Blancs lui paraît préférable au plus beau des Noirs. Puis, un pareil mariage élève, d'un seul coup, la nouvelle épouse au premier rang; elle devient l'égale des femmes de cabacères, princes, ministres, gouverneurs de province. De plus, elle est honorablement et galamment traitée par son mari et elle vit dans le luxe et les plaisirs,

Donc, rien d'étonnant à ce que le père de Lé-Lia eût accepté avec joie la demande du capitaine qui, en outre, l'associait à ses opérations, ce qui devait rapporter honneur et profit. Le pêcheur n'avait pas consulté sa fille, ce qui ne se fait jamais au Dahomey ; mais Lé-Lia s'était montrée très fière et très joyeuse de la recherche du capitaine Olivier, qu'elle avait coquettement reçu, lors de leur première entrevue.

Quand elle entra dans Widah, le lendemain du jour où l'on sut la nouvelle, Lé-Lia excita

beaucoup de curiosité et d'envie; les jeunes
filles, les jeunes gens l'interrogeaient :

— Est-il vrai? Tu vas *te blanchir?* Tu épouses
le capitaine Olivier?

Elle répondait :

— Oui! Mon père m'a dit que je vendais du
poisson aujourd'hui pour la dernière fois. Le
capitaine, cet après-midi, doit venir dans notre
case avec sa mère, son frère et sa sœur. Il
veut que je commence à *être une dame* et il
m'apporte des cadeaux de noce.

Ainsi le long des rues.

Et l'on avait acheté le poisson de Lé-Lia, le
dernier qu'elle devait vendre.

Elle était revenue à Jambodji et elle s'était
parée.

Pour la fiancée d'Olivier, un mariage avec
un tel homme la grandissait tellement que
cette cérémonie devait compter comme un
événement; mais, d'habitude, un mariage au
Dahomey est chose des plus simples.

Chaudoin donne sur ce sujet et sur les qualités des Dahoméennes, comme mères de
famille, les curieux et touchants détails qui
suivent et qui sont d'autant plus vrais qu'il a
assisté à plusieurs mariages indigènes :

« Le mariage et la naissance passent presque
inaperçus dans le Dahomey, ce qui se com-
prend d'ailleurs, la chose est trop commune
et se renouvelle si souvent dans la vie dahoméenne, qu'on en fait peu de cas.

« Le mari demande à la famille la jeune fille
qu'il désire, et c'est généralement une affaire

d'argent; il est refusé ou accepté, suivant la magnificence des cadeaux qu'il offre : s'il est accepté, on consulte le fétiche pour savoir si le mariage sera heureux (ce qui est encore une affaire d'argent); le féticheur consulté sacrifie une poule et tire l'horoscope du mariage avec ses entrailles.

« L'augure étant favorable, la jeune fille, parée de ses plus beaux pagnes et de tous les bracelets possibles et imaginables, or, argent et corail, si elle est de grande famille, cuivre et verroteries, si elle est de basse extraction, le cou et la naissance des épaules enduits d'atiké (sorte de pierre blanche tendre, pilée avec des parfums, dont s'enduisent les femmes pour les grandes cérémonies), est conduite par ses parents et ses amis chez son époux. On boit et l'on danse toute la nuit, et, le lendemain, elle se montre radieuse d'être devenue femme.

« La naissance passe inaperçue aussi; il y en a tellement !

« Les enfants dahoméens n'ont pas, comme nous autres les petits Blancs, un berceau bien moelleux et un tas de jouets pour amuser leurs premiers pas dans la vie et leur cacher les déceptions qui les attendent dans l'avenir : comme lange, le pagne de leur mère, et comme berceau la natte étendue sur la terre, où sa mère repose, lorsqu'elle ne travaille pas.

« Quand elle travaille, à califourchon sur son dos, retenu par un pagne qui lui passe sous les bras et dont la mère attache les deux bouts par-dessus les seins, le pagne emprisonne le corps de l'enfant et le maintient sur la croupe de sa mère.

« Les négresses ont toutes la passion de la maternité; c'est une des consolations de leur vie misérable, c'est sur le fruit de leurs entrailles qu'elles épuisent leurs trésors de tendresse, le seul être qui leur rendra un peu de leur amour ; et Dieu sait ce que pourtant l'enfant leur coûte de fatigue et de souffrance.

« La loi dahoméenne, pour protéger la mère et l'enfant, interdit les relations du mari avec la femme mère, pendant trois ans, laps de temps pendant lequel elle doit l'allaiter et s'occuper de son éducation.

« Les trois ans écoulés, elle peut reprendre la vie conjugale. »

D'après ce qu'on vient de lire sur les qualités de la Dahoméenne, comme femme et comme mère, on doit reconnaître que le capitaine Olivier, pour original qu'il fût, n'était pas trop mal inspiré en épousant la Perle de Widah. Ce fut une très jolie fille qu'il présenta à sa mère et à sa sœur qui furent conquises à première vue par cette négresse charmante qu'elles embrassèrent et qu'elles complimentèrent sincèrement. Lé-Lia qui parlait le français, en le zézayant, non sans un charme naïf, déclara à sa future belle-mère qu'elle avait beaucoup à apprendre d'elle, mais qu'elle serait docile et reconnaissante; elle sut si bien les caresser de la parole, du geste et du regard, qu'elle les captiva ; il était difficile du reste de lui résister : elle avait le don suprême, la beauté riante ; elle était enjouée, entraînante, très enveloppante. Elle voulut faire les honneurs de sa case et elle offrit une collation de gâteaux fabriqués par elle : c'étaient des boules de farine de maïs et de pois cassés, très assaisonnées et surtout très pimentées, frites dans l'huile de palme ; c'étaient encore des croquettes et des galettes ; mais il faut être habitué à ces friandises pour les priser. Sangogan offrit du vin de palme et du tafia. On goûta légèrement à tout, du bout des dents, en déclarant que c'était excellent ; puis le capitaine annonça que, dans huit jours, le mariage serait célébré à Widah, à la française, devant un de nos missionnaires établis dans cette ville, le père d'Orgère.

Lé-Lia ne s'attendait pas à tant d'honneur. Elle croyait épouser le capitaine à la mode dahoméenne, ce qui n'engage pas sérieusement l'Européen, ce qui lui permet de se créer un autre ménage avec une Blanche ou d'introduire d'autres femmes dans le ménage indigène, la polygamie existant au Dahomey ; mais voilà que le capitaine l'épousait devant l'autel chrétien, d'après les lois de son pays, ce qui l'engageait à jamais. Lé-Lia, saisie d'émotion, se précipita sur les mains d'Olivier qu'elle baisa avec ferveur, pendant qu'autour d'elle, ses amies exprimaient leur surprise par un long murmure d'admiration pour tant de bonheur. Sangogan se précipita dehors et sema la nouvelle aux quatre vents, criant bien haut qu'il fallait chanter les louanges du Blanc, auquel le village devait l'honneur d'une telle alliance.

Etant donné le caractère des Dahoméens, il était impossible qu'une pareille journée ne finît point par des chants et des danses que cette race aime passionnément.

Toute la population se mit en branle, au son de la musique.

Une danse générale s'improvisa et se mit à tourbillonner.

Dès le début de cette scène, sur un signe du capitaine, Lié-Lia était venue se suspendre fièrement à son bras ; il ne voulait pas qu'elle se mêlât à la foule en délire.

— Je comprends, lui dit-elle, devinant sa pensée. Je suis Blanche maintenant et je ne dois plus danser avec les Noires.

D'instinct, elle sentait la dignité supérieure des Européens et s'y haussait d'un seul coup.

Cependant, comme la nuit allait bientôt tomber, le capitaine appela Sangogan et lui donna un bon pour aller toucher à Widah-Plage un baril de tafia et le distribuer à la foule.

A l'annonce de cette libéralité des cris de joie retentirent ; Sangogan sauta en pirogue avec trois amis et ils firent force de pagaies sur la lagune pour gagner Widah-Plage.

Ayant assuré pour la nuit les plaisirs de la foule, le capitaine prit congé de Lié-Lia qui lui répéta plusieurs fois :

— Je suis Française, maintenant, je suis dame, je ne danserai plus.

Tout le monde prit place dans les hamacs et l'on partit au milieu des acclamations des pêcheurs.

Longtemps Lé-Lia resta debout au sommet d'un tertre, regardant le convoi qui emportait sa nouvelle famille, se perdant dans les voiles que la nuit, sans crépuscule, des tropiques jetait brusquement sur la terre.

Enfin, elle reprit le chemin du village, évitant les groupes, et elle rentra rêveuse dans sa paillotte où les chants des nègres bercèrent toute la nuit ses songes d'or et d'azur.

CHAPITRE VIII

Maison noire.

Cependant le capitaine et sa famille, emportés par les hamaquaires, avaient repris leur marche dans Widah-Ville.

Plus on avançait, dit Chaudoin, le guide le plus sûr à consulter dans ce voyage, plus l'aspect du pays changeait.

En effet, à mesure que l'on s'éloigne de Jambodji, les palmiers deviennent plus rares et l'aspect du sol offre des traces de culture.

On commence à voir de grands arbres aux troncs et aux branches énormes, qui tous, pour la plupart, sont considérés comme la demeure des fétiches. Dans le lointain, de fort jolis petits bœufs paissent tranquillement sous la surveillance d'un vieux nègre ; de tous côtés, des plantations de maïs et de manioc tachent le paysage de leur verdure.

On est aux environs de Widah, on ne tarde pas à y arriver.

Ici l'on rencontre deux arbres énormes, juste à l'entrée de la ville.

Ces deux monstres végétaux servent de demeure au fétiche bienveillant, Dag-Oli-Ja-De, celui qui veille à l'entrée de la ville, qui éloigne les mauvais esprits et souhaite la bienvenue aux voyageurs.

Les hamaquaires le saluent en passant en frappant trois petits coups sur le bois du hamac et en lui disant : « Da-di-gadaokou, okou, afindagonia Dagdigada? » (Bonjour, bonjour, comment vas-tu?)

Et quelques instants après on pénètre dans la ville de Widah, qui compte trente mille habitants, mais qui n'est pas très confortable, composée qu'elle est d'habitations en pisé (en terre séchée au soleil), couvertes de chaume, comme on va le voir.

Le capitaine Olivier y possédait une petite, trop petite case pour lui; mais il s'était arrangé avec un habitant pour que celui-ci lui en cédât une autre en location, pendant le reste de la belle saison; le propriétaire, bien payé, s'était résigné, aucune pluie n'étant à craindre, à se construire une sorte de gourbi en palmes.

La saison des orages arrivant, le gourbi devenu inhabitable, le capitaine rendait la case ou pour mieux dire la maison, puisqu'au Dahomey les habitations méritent ce nom. Mais pendant qu'il se dirigeait vers sa demeure provisoire, le capitaine recevait les marques de civilité dont les Dahoméens sont prodigues.

Les indigènes, dit Chaudoin, sont d'une grande politesse dans leurs relations

Deux individus se rencontrant se saluent, s'ils ont des chapeaux, avec force révérences,

pour singer les Blancs ; les gens moins civilisés s'arrêtent à une certaine distance l'un de
l'autre et commencent une série d'okou (bonjour) interminables : c'est une preuve de savoir-
vivre ; après quoi ils se parlent, se demandant
des nouvelles de leur famille, des animaux ou
de toute autre chose.

Mais s'ils ont affaire à un supérieur, ils met-
tent un genou en terre, battant des mains tout
en prononçant des okou sans fin, que la personne saluée répète au moins trois fois ; lorsque le supérieur s'arrête enfin, l'inférieur fait
claquer les médius trois fois l'un contre l'autre ;
la personne supérieure lui donne alors congé,
ou lui dit ce qu'elle a à lui dire. Une grande
marque d'amitié est, après avoir touché la
main à quelqu'un, de la tenir serrée encore
un moment et de faire claquer dans la paume
de la main les deux médius.

Cet exercice est assez difficile pour les Européens qui ne sont pas habitués à ce genre de
salutation.

Les femmes entre elles se rendent les mêmes
marques de politesse et de déférence (CHAU-
DOIN).

Mais comme Olivier avait parlé des maisons
du pays, sa famille les examinait et les trouvait supérieures aux cases de Widah-Plage.

En effet, elles sont relativement conforta-
bles, ayant murs en pisé revêtu, charpente et
toiture.

Olivier, du reste, pour loger son monde,
lui-même et sa femme après son mariage,

ainsi que sa famille, faisait élever, à la mo de
du pays, mais plus grandement, une construction qui pouvait passer à Widah pour un petit
palais.

Précisément on devait passer devant lui.

On avait suivi, dans sa construction, les règles
architecturales du pays : le capitaine avait ce
principe excellent qu'il faut se conformer autant
que possible aux règles générales et aux habi-
tudes du pays.

Elles ont presque toujours pour bases les
nécessités du climat.

Chaudoin donne la description des maisons
du Dahomey et de la façon dont on les construit :

L'habitation dahoméenne est toujours rec-
tangulaire, construite en bambous sur les
plages ou dans les endroits marécageux, en
bois dans les forêts et en terre argileuse du
pays, qui devient très dure en séchant au
soleil ; elles sont toujours couvertes en paille
ou en feuilles de palmier ; l'habitation dahoméenne se compose d'un salam, vaste quadri-
latère, formé par une muraille de pieux, tressée
très habilement avec de la paille, et offre un
joli coup d'œil ; l'enceinte a généralement
plusieurs ouvertures et contient le logement
du maître, ceux des esclaves mâles et celui des
femmes, qui vivent toujours séparément, usage
commun, d'ailleurs, à toutes les peuplades
africaines ; tout cela séparé par des cours
n'ayant que de petites ouvertures pour livrer
passage de l'une à l'autre ; les divisions sont

faites sans aucune symétrie et jetées au hasard, formant un vaste dédale où il est presque impossible de se reconnaître sans un guide, creusées le plus souvent de trous très profonds d'où l'on retire la terre ayant servi à la construction et où il serait très dangereux de s'aventurer la nuit sans lanterne.

La case est carrée, qu'elle soit en bambous ou en terre recouverte de paille, et le toit, soutenu par des piliers de bois ou de terre, forme véranda sur la partie avant; c'est là que les Noirs font la sieste ou passent les nuits trop chaudes en compagnie de leur favorite.

L'intérieur est divisé en deux: une partie affectée au logement du maître, et l'autre servant à remiser les objets précieux, véritable magasin de déballage où sont accumulés les objets les plus divers et les plus disparates.

Toutes les cases sont construites à peu près dans le même style.

Celle du maître ne diffère généralement de celle des esclaves que par les portes qui ferment les ouvertures et par l'enduit qui les recouvre.

Il y a, au Dahomey, plus d'industrie qu'on ne le supposerait, et on y exerce, outre celui de maçon et de charpentier, différents métiers.

Il est, parmi les gens du pays, une branche d'artisans très estimée, ce sont les forgerons.

Rien n'est aussi curieux que de voir les vieux forgerons avec leur barbe grisonnante, leurs lunettes à califourchon sur leur nez camard; car ils ont tous des lunettes, et des lunettes à monture d'argent, ne vous en déplaise.

Les forgerons forment une corporation, une caste tout à fait en dehors de celle des autres ouvriers ; ce sont eux qui aiguisent et fabriquent les fameux couteaux du Dahomey, dont quelques-uns sont très curieux par leur forme et leurs ciselures ; ils réparent les armes, et confectionnent les balles.

Comme le plomb est rare dans le Dahomey, ces dernières sont en fer, ce qui abîme beaucoup les canons des fusils : aussi n'est-il pas rare de les voir éclater (CHAUDOIN).

Des tisserands, des vanniers, des cordonniers, et beaucoup d'autres ouvriers de différents corps d'état, étaient occupés à leur travail ordinaire ; la famille du capitaine fut très étonnée de l'activité qui régnait partout.

Cependant on arrivait « à la maison », selon le mot familier d'Olivier.

CHAPITRE IX

Cuisine dahoméenne.

Le capitaine avait dépêché un nègre pour avertir son monde.

Du reste, la rumeur publique, volant de bouche en bouche, avait mis Widah en rumeur.

Avant que l'envoyé ne fût arrivé, les gens d'Olivier s'étaient préparés à le recevoir.

Tout un personnel esclave attendait le capitaine dans sa case.

D'abord une sorte de majordome, esclave, mais ayant autorité sur les autres.

Puis des hamaquaires, un charpentier à tout faire en ce qui concernait le bois et la vannerie ; des petits mouleks (domestiques, grooms) ; un homme de peine, balayeur, porteur d'eau, courrier ; un cuisinier et ses deux apprentis (mouleks, esclaves adolescents lui appartenant).

Le chef était un habile homme en l'art d'accommoder les sauces, de préparer les rôtis et de fabriquer le pain et les pâtisseries, le tout à l'européenne ; mais il était aussi très expert dans la cuisine indigène.

Le capitaine, après avoir reçu les hommages exubérants de tout son monde, dont il était craint et adoré comme un dieu, le capitaine fit installer sa mère, sa sœur, leur femme de chambre et une fille de peine qu'il loua, dans la case pour laquelle il avait contracté bail; lui-même et son frère se logèrent dans celle qui était la propriété d'Olivier.

Après les ablutions, et en dégustant un grog léger, le capitaine ordonna au chef de préparer un repas absolument indigène.

Ce chef était très renommé et il avait eu les honneurs de l'enlèvement royal, ce qui était une preuve que ses talents lui avaient fait une renommée, même à la cour.

Tout, au Dahomey, passerait pour invraisemblable, si nos missionnaires, nos officiers de marine, nos commerçants, n'apportaient pas leur témoignage sur des faits qu' semblent du domaine de la fantaisie.

Voici, par exemple, ce que dit Chaudoin sur les enlèvements de cuisiniers :

« Le roi, d'abord, a adopté la cuisine française, ce qui, chez lui, est une marque de bon goût et un commencement de civilisation; il mange du pain et fait faire sa cuisine à l'huile, ce qui flattera mes concitoyens.

« Il a plusieurs cuisiniers, qui tous ont fait leurs études culinaires dans les factoreries.

« Le mets national par excellence est le canalou.

« Le canalou se fait de différentes manières, soit avec du poisson, de la viande, des poules ou des herbes; il se compose d'huile de palme dans laquelle on fait cuire ces divers mets et que l'on assaisonne avec force piment.

« Le canalou se mange avec des akassas, de la farine, du manioc ou les hablots, sorte de petits pains faits avec de la farine de maïs non fermentée et dont le dessous est bien doré au four.

« Mais ce plat-là constitue un mets de luxe qui ne sert qu'à la table des grands. Le pauvre se contente d'un akassa, qu'il mange seul.

« Ce régal n'est pas très ragoûtant pour un Européen et a besoin de piment pour être relevé ; cela ressemble à de la colle de tapissier et a un petit goût aigrelet, que lui donne le commencement de fermentation auquel on le soumet, mais c'est une nourriture très rafraîchissante.

« Les Dahoméens fabriquent aussi une espèce de galette avec du maïs et une sorte de haricot; mais ils ne s'en servent que lorsqu'ils sont à la guerre; la galette est nourrissante, forme un plus petit volume que l'akassa et a, en outre, l'avantage de se conserver très longtemps.

« Ils font aussi des boules de farine de maïs ou de pois cassés fortement pimentés et frites dans l'huile de palme.

« Enfin ils fabriquent de petits gâteaux et des croquants dont la base est toujours la même huile de palme, la farine de maïs et le piment. Le pauvre diable, quand son salaire le lui permet, ajoute à son akassa, le long des côtes et des lagunes où le poisson est abondant, un morceau de poisson boucané qu'il trempe dans un peu d'huile où il a écrasé des piments.

« Dans l'intérieur le poisson est plus rare et surtout plus cher, aussi les naturels mangent-ils beaucoup plus d'ignames, de patates douces et de farine de manioc.

« Le manioc est une grande ressource pour ces pays-là.

« La plupart des indigènes mangent peu de viande, croyant presque tous à la métempsycose; la plupart des animaux sont fétiches pour eux ; la poule, le cabri et le cochon sont presque les seuls animaux qui ont leur place dans les grands festins, au cours desquels le Noir, qui est ordinairement d'une grande sobriété, devient d'une gloutonnerie étonnante et avale des quantités énormes de victuailles. Les animaux comme le cochon et le cabri, qui sont d'ailleurs très petits, car la race semble abâtardie, sont toujours cuits entiers avec la peau; on leur tranche la gorge, et souvent, avant qu'ils soient morts, on les fait rôtir enfilés sur un bâton.

« Quand le rôti est jugé à point, on gratte les poils et la peau calcinés, et l'animal est avalé avec gloutonnerie par les convives.

« Les Noirs sont généralement peu délicats; il n'est pas rare de les voir manger des animaux morts; ils sont aussi très friands d'une grande chauve-souris très commune dans le pays, qui se réfugie pendant le jour au haut des palmiers, où elles s'accrochent les unes sur les autres et forment de grosses grappes.

« Les indigènes mangent aussi de gros lézards appelés iguanes, les rats de palmiers, qui sont des mets très délicats lorsqu'ils sont bien apprêtés et qu'on n'éprouve pas de répugnance; ils mangent aussi le crocodile dans certaines contrées et le requin. Celui-ci, par exemple, est un mets détestable, sa chair huileuse et nauséabonde ne peut convenir qu'à des estomacs de nègres. »

Le premier repas fut très gai.

Le capitaine voulut qu'on l'arrosât de bière au début, méthode excellente, car cette boisson donne de l'appétit; mais il engagea tout le monde à s'en tenir au premier verre.

Ensuite on but du bordeaux authentique adouci d'eau de Seltz, fabriquée à l'aide de l'excellent et hygiénique appareil à deux boules; enfin du champagne.

— Plus tard, dit le capitaine, je vous ferai faire une cure à l'eau de Vichy ou à l'eau de Vals, selon celle que vous préférerez. Et, si vous suivez un régime bien régulier, vous échapperez aux fièvres et aux maladies de foie. Ce qui tue, c'est l'absinthe, le rhum, l'ivresse, les excès. On peut triompher du climat avec des précautions et une sobriété relative.

Il cita, comme exemple, certains gérants, certains missionnaires.

Après le dîner, le capitaine engagea chacun à jouir, sur le pas de la porte, sous les bananiers, de la fraîcheur du soir.

C'est l'heure de repos, de bien-être, l'heure délicieuse de la journée.

On causa longuement, puis on se souhaita bonne nuit et chacun s'en alla s'étendre sur sa couche.

CHAPITRE X

Visite en ville.

Le lendemain, comme nouvel arrivant, le frère du capitaine devait présenter ses hommages au représentant de l'autorité; c'est un devoir à remplir, avant de voir chez lui n'importe quel autre Noir.

Cela se fait en grande cérémonie.

La gore (conseil municipal) est prévenue et elle attend en séance, ayant à sa tête l'yavogan (maire).

On est tout étonné quand on retrouve au Dahomey les institutions municipales des pays européens.

Les membres du conseil se nomment des agorigans; ils se composent des plus notables et d'un certain nombre de féticheurs qui ont une grande influence, mais qui sont souvent divisés d'avis avec les notables; ceux-ci, au contact des Européens, sont devenus moins fanatiques.

L'yavogan occupe un poste d'honneur très envié; il est cabacère, c'est-à-dire grand chef;

mais son pouvoir est illusoire; très surveillé, il n'est que l'exécuteur des volontés de la *gore*.

La gore administre la ville et juge les gros procès; mais il y a, pour juger les petites affaires, des petites gores, justice de paix; puis il y a un cabacère des Blancs qui juge de leurs différents avec les Noirs; ce personnage important s'appelle le Quenou.

Mais il existe encore au Dahomey une administration spéciale: celle des décimères. Cela ressemble fort à nos commis des droits réunis, avec une grande autorité en plus; ces décimères prélèvent l'impôt sous toutes ses formes; ils ont pour mouchards des mouleks ou petits gamins qui, pour un bien mince salaire, leur signalent tout.

Ces décimères couvrent le pays d'un réseau aussi serré que les mailles d'un filet.

Il fallut que le capitaine et son frère allassent présenter, le jour de leur arrivée, leurs hommages à la gore, cérémonie longue, pleine de formalités et très ennuyeuse.

Cependant, le lendemain encore, on fut l'esclave de l'étiquette.

Pour rendre, au capitaine et à son frère, leur visite de politesse, l'yavogan se rendit en grande pompe à leur case, où Olivier ménagea à sa mère et à sa sœur le plaisir d'assister à cette cérémonie solennelle.

On vit venir l'yavogan monté en amazone sur un cheval de petite taille mené par la bride par un esclave, appuyé sur l'épaule d'un autre esclave de confiance qui le tenait par la taille de peur qu'il ne tombât ; aux lèvres un gros cigare emmanché sur un porte-cigares en gutta-percha, cadeau de quelque gérant ; sur la tête un bonnet phrygien en velours noir ; il fumait béatement, drapé dans son magnifique pagne comme un homme content de lui et qui écrasait tout ce qui l'environnait de son importance. Derrière lui marchait le porte-parasol, qui l'abritait sous un immense parasol en cotonnade blanche rayée de bleu ; ensuite son porte-pipe qui, dans un sac de peau ornementé, portait sa blague à tabac et un étui doublé dans lequel se trouvaient ses deux pipes et son crachoir, petit sac contenant du sable, car un grand chef ne crache jamais par terre. Ensuite venaient ses deux porteurs de bancs et sa musique, composée d'un grand tambour, de tam-tams et de trompes qui faisaient un charivari épouvantable. Le parasol et les deux bancs lui sont donnés par le roi ; ce sont les marques de sa dignité. (CHAUDOIN.)

On fit un cadeau au yavogan qui remercia et s'en alla avec la même pompe qu'à l'arrivée.

Dès lors, on était libre d'agir à sa guise et débarrassé de l'étiquette.

Le capitaine et sa famille en profitèrent de leur mieux.

CHAPITRE XI

Absence forcée.

Depuis cinq jours à peine, le capitaine Olivier était à Widah-Ville, initiant sa famille aux us et coutumes du Dahomey, le temps se passant doucement, puisque là-bas, les esclaves font tout le travail qui serait mortel à l'Européen, lequel se fait porter en hamac, n'eût-il que deux cents pas à faire.

En réalité, on ne vit, on ne marche un peu, pour se promener, que de cinq heures du matin à sept heures, de cinq heures du soir à sept; ce sont des heures de fraîcheur et de brise.

On déjeune, j'entends le grand déjeuner, à neuf heures; on le prolonge jusqu'à dix heures et demie en fumant, puis on fait la sieste jusqu'à trois heures.

Alors on prend une douche, ou un bain, on s'habille, on s'occupe un peu de quelque chose à l'intérieur ; puis, au premier souffle de l'air, le soleil très bas sur l'horizon, on se risque dehors.

On dîne a sept heures.

On se couche quand le sommeil vous y invite.

Vie de paresse qui n'est pas sans charme.

L'enveloppement tropical, fait de la chaleur, des parfums, des caresses énervantes d'une nature toute-puissante qui charge l'air d'effluves, l'ivresse enfin de l'Afrique équatoriale, engourdissait la famille du capitaine, les deux femmes surtout; dans cette somnolence, on ne s'ennuie pas, on n'en a pas la force.

Le sixième jour survint un avis du commandant de la *Mouette*.

On demandait le capitaine Olivier à Kotonou pour affaire importante; dans cette ville, possession française, il avait de grands intérêts.

Au déjeuner, il dit :

— Je suis obligé de me rendre à Kotonou pour régler une difficulté qui a surgi entre le gouverneur et mon représentant; comme celui-ci est un nègre, un de mes anciens esclaves que j'ai affranchi et que j'ai mis à la tête de mes affaires à Kotonou, on le traite un peu trop par-dessous la jambe à cause de sa couleur. Mais je vais mettre bon ordre à ça.

— Nous allons rester ici ? demanda Mᵐᵉ Olivier.

— Qu'avez-vous à craindre ? Nulle part, sur la côte, les Blancs, les Blanches surtout, ne sont plus respectés qu'à Widah.

Puis il ajouta :

— Du reste, Behanzin est mon ami.

A son frère, assez brusquement, afin que ni

la mère, ni la sœur, ne fissent de protestations :

— Tu viens, toi !

— Mais..., essaya de dire Mme Olivier assez timidement.

Le capitaine l'interrompit.

— Ma mère, fit-il avec cette fermeté qui le transformait en une barre d'acier quand c'était nécessaire, ma mère, j'ai oublié de vous dire qu'ici, à Widah, et tant que vous serez en Afrique, avec moi, il vous faudra oublier ce mot français « mais » ; c'est un mot qui fait terriblement de mal aux affaires ; on n'arrive à rien avec les si, encore moins avec les mais.

A son frère :

— Nous partons cette nuit, par terre, en hamacs. Ne t'occupe de rien ; je ferai emporter tout ce qu'il nous faut.

Puis d'un air joyeux :

— Moulek, cria-t-il au petit serviteur de Louis, une bouteille de champagne. Ton petit maître va faire son premier voyage sur la terre d'Afrique. Il va commencer le métier que je fais depuis si longtemps.

—Allons ! Allons, maman ! Voyons Mathilde ! fit Louis en riant, pas de tristesse pour si peu de chose. Ce n'est que le début. J'irai plus loin que Kotonou, je suppose.

A son frère :

— N'est-ce pas, Olivier ?

— Tu iras partout, fit en riant aussi le capitaine, et surtout au diable.

Il fallut faire contre fortune bon cœur.

— Suis-je donc venu ici, disait Louis, pour

laisser mon frère gagner ma vie ? Il y a assez longtemps qu'il lutte tout seul.

— Du reste, conclut Olivier, capitaine au long cours, il serait tout le temps en route vers les Antipodes ou vers les Pôles.

Mᵐᵉ Olivier et Mathilde comprirent que le sentiment est chose gênante pour les hommes d'action ; elles surmontèrent la tristesse du premier moment et il ne fut plus question de s'attendrir.

Le soir même, une troupe de hamaquaires enlevait le capitaine, son frère et leurs bagages.

En route pour Kotonou, au clair de lune, après des adieux brusqués.

CHAPITRE XII

Rivale.

Deux jours après le départ d'Olivier et de son frère, une grande rumeur se répandait dans Widah.

Un courrier était arrivé, précédant d'un jour la princesse Kalaza.

Ordre de Behanzin, il fallait céder à sa sœur la plus belle maison de la ville, loger sa suite convenablement et recevoir la princesse avec le respect dû à son sang.

Un cabacère accompagnait la jeune sœur du roi *avec tous pouvoirs;* ceci fut textuellement répété par le messager à la gore réunie pour l'entendre.

— De la bouche du roi! répéta-t-il. Tous pouvoirs, comme si le cabacère était le roi lui-même.

Il n'y avait pas de doutes possibles.

On mit un zèle ardent à préparer la réception et Kalaza, hautaine comme toujours, fit une entrée triomphale.

Mme Olivier, sa fille, tous les Européens et

toutes les Européennes de Widah, du haut d'une tribune dressée pour les Blancs, virent le défilé; elles s'avouèrent que cette pompe barbare était imposante et que la princesse était fort belle.

Celle-ci reçut chez elle les visites officielles qu'elle expédia le plus promptement possible; mais elle retint près d'elle la grande féticheuse de Jambodji qui avait une très grande réputation.

Les féticheuses sont aussi puissantes que les féticheurs. Du côté du poison elles n'ont rien à leur envier, complices le plus souvent des empoisonnements légaux ordonnés par les autorités pour la sûreté de l'Etat; elles donnent aussi du poison, moyennant salaire, aux femmes jalouses qui veulent se venger ou supplanter une rivale auprès du maître et qui en usent quelquefois même envers le maître.

Le culte des féticheuses est plus démonstratif que celui des féticheurs.

Ce sont elles qui parcourent en procession les rues des villes au moment des grandes pluies, chantant les louanges de la déesse des moissons et portant sur la tête des calebasses pleines de céréales offertes par les fervents au fétiche des moissons.

Le costume des féticheuses est le même que celui des autres femmes, mais elles sont reconnaissables aux bracelets de petits cauris blancs dont elles ornent leurs bras et leurs jambes.

Dans les fêtes du culte elles portent simplement le petit pagne de couleur blanche, des colliers et des pendeloques en petits cauris blancs; d'ailleurs, dans le Dahomey, montrer ses seins à tous les regards n'est pas une impudeur, mais une marque de déférence.

Ainsi, dans nos factoreries, qui sont les maisons du roi, lorsqu'une femme entre, elle se découvre toujours jusqu'à la ceinture; il en est de même lorsqu'elles se présentent aux autorités ou à une personne importante; il ne faut pas croire que le manque de vêtement, de pantalon et de chemise rende impudiques le nègre et la négresse: au contraire, ils ont plus de pudeur que nous, mais elle est plus localisée.

Outre le costume que j'ai décrit plus haut, les amazones portent dans les grandes fêtes, en tenue d'apparat, toute espèce de parures: des colliers en verroterie, en corail, des bracelets en argent, en fer, en cuivre, en étain; il y a même une chéfesse amazone qui porte des cornes en or.

Heureusement que dans le pays cet attribut n'a pas la même signification que chez nous, sans quoi ce serait un ornement des plus séditieux envers le roi. (Chaudoin.)

La grande féticheuse de Jambodji fut retenue, nous l'avons dit, par la princesse Kalaza, qui s'enferma avec elle dans sa chambre et lui dit:

— En venant ici, j'ai un but. Je serai généreuse avec ton fétiche qui est celui des Eaux-Profondes (l'océan). Tu m'aideras à réussir dans mon entreprise.

Une féticheuse est, pour le moins, aussi rouée qu'un féticheur.

— Princesse, dit la prêtresse, je te favoriserai de mon mieux, si le Dieu consulté le permet. Mais que veux-tu ?

— D'abord, demanda Kalaza, je désire savoir où est le capitaine Olivier que je n'ai pas vu parmi les Blancs, quand je suis passée.

La question éclaira la prêtresse.

— Celui que tu aimes ?... fit-elle.

— Comment sais-tu que je l'aime ? demanda la princesse.

— Est-ce que le Dieu des Eaux-Profondes, au fond des vastes mers qui sont un miroir et reflètent le ciel, ne connaît pas tous les secrets des étoiles ? Tu es une étoile à la cour de Behanzin et je suis féticheuse du Dieu. Je sais tes pensées.

— Puisque tu as deviné mon cœur, dis-moi où est le capitaine.

— A Kotonou.

— Quand reviendra-t-il ?

— Ne souhaite pas son retour.

— Pourquoi ?

— Il est fiancé et il est peut-être allé à Kotonou pour chercher des papiers français nécessaires à son mariage devant le consul et le missionnaire.

Les yeux de Kalaza lancèrent de rouges éclairs.

— Voilà donc pourquoi, s'écria-t-elle, il n'a pas voulu de moi !

— Oui. Tu as une rivale.

Le grand féticheur vit un serpent.

— Où est-elle ?

— C'est la plus belle fille de Widah.

— Plus belle que moi ?

— Pas plus, mais autrement. Tu es une femelle de jaguar, elle ressemble à une gazelle.

— Que fait-elle ?

— Elle vendait du poisson.

Kalaza bondit.

— Et voilà ce qu'il préfère à moi ! s'écria-t-elle.

Puis à la féticheuse :

— Qu'allons-nous faire ? Je veux que tu me débarrasse de cette fille.

La féticheuse sourit sans répondre.

Kalaza comprit.

— Que veux-tu pour ce service ? demanda-t-elle.

Alors s'établit entre elles un débat très long ; puis, l'accord conclu, la féticheuse exposa son plan.

— Je vais, dit-elle, cette nuit même, déclarer par signes sacrés que Lé-Lia est fétiche et qu'elle est consacrée au Dieu de la Guerre comme amazone du roi. On l'enverra à Behanzin.

Cette redoutable puissance des féticheuses déclarant une personne fétiche, est telle que le roi, lui-même, n'oserait s'y opposer.

— Ceci est bien, très bien ! s'écria Kalaza. Jamais Lé-Lia ne se mariera ; elle restera vierge.

— Ensuite, dit la féticheuse, je ferai fétiches

aussi les dames françaises, la mère et la sœur du capitaine, fétiches-prisonnières ; on les enverra à Abomey.

— Pourquoi ?

La figure simiesque de la féticheuse se plissa d'un fin sourire.

— Le capitaine, dit-elle, réclamera sa fiancée, sa mère et sa sœur. Si la fiancée était seule en jeu, il faudrait peut-être céder. Mais si la mère et la sœur sont captives, le capitaine s'estimera heureux de les délivrer ; il sacrifiera Lé-Lia qui, après tout, ne sera pas malheureuse et qui ne sera la femme d'aucun autre homme, ce qui calmera la jalousie du capitaine.

— Que dira le roi ? Il est l'ami du capitaine !

— Le roi craint les Dieux, surtout celui des Eaux-Profondes. Il sait que son règne finirait, s'il s'approchait de l'Océan [1].

— Je crois qu'il se soumettra.

— J'irai, moi, la grande féticheuse du Grand Dieu des Eaux-Profondes, le voir à Abomey et lui dicter les volontés de la Divinité.

— Tu viendras avec moi.

— Avec les prisonnières aussi. Mais tiens tes promesses.

---

1. Cette superstition est très caractéristique. Les féticheurs tiennent à tenir le roi éloigné des Blancs ; ils ont imaginé cette fable d'une déchéance par la volonté du Dieu des Eaux, pour que Behanzin ne réside pas à la côte et voie rarement des Blancs.

— Ce soir, tu auras ce que tu m'as demandé.

Sur cette assurance la grande féticheuse se retira.

Le lendemain matin, une heure avant le jour, un lourd sommeil planait sur Jambodji; seuls, les écureuils volants chassaient encore les insectes nocturnes, en décrivant leurs crochets bizarres dans l'air, au milieu duquel ils glissaient sans bruit, sous l'effort de leurs ailes ouatés. Peu à peu, ils disparaissaient repus. Alors, au milieu d'un silence profond, sortant d'un bois sacré, les féticheuses se dirigèrent vers le village en accomplissant, par gestes, des cérémonies bizarres ; elles entrèrent dans une rue conduisant à la case de Lé-Lia et la grande féticheuse en toucha la porte avec une corne de gazelle. Puis, à voix basse, elle murmura une formule mystérieuse, qui vouait la jeune vierge au Dieu des Guerres. D'un grand geste, elle sembla appeler la malédiction du ciel sur le toit de la sacrifiée.

Lentement, la procession des féroces prêtresses d'Ekba, Dieu du Mal et des Eaux-Profondes, se retira en exécutant des danses funèbres.

Sur la maison habitée par Mᵐᵉ Olivier, les mêmes signes avaient été placés, avec cette nuance qu'ils indiquaient que les personnes

vouées au fétiche seraient prisonnières, alors
que Lé-Lia devait être amazone.

Aussi, dès l'aube, un grand tumulte s'éleva-
t-il dans Widah.

Cette ville est exposée à des fléaux, pestes,
choléras, fièvres jaunes, famines, sécheresses
qui dessèchent tout et font périr bêtes, gens,
végétaux.

Les habitants vivent sous le coup de la
menace permanente d'une plaie s'abattant sur
eux, comme les sept plaies fameuses de
l'Egypte.

Leur superstition va si loin que, certaine
année, on vit des gazelles dans les environs,
chose rare; peu après, des nuées de saute-
terelles s'abattirent sur le territoire, dévorant
tout; dès lors, la gazelle fut déclarée animal
de mauvais augure : on lui fait une guerre
acharnée.

Lorsque des hommes ou des femmes sont
voués au fétiche, les Widhéens en concluent
que la ville est menacée de quelque malheur
et que les féticheuses l'en préservent en sacri-
fiant au dieu Ekba quelques personnes.

Les unes, comme l'exposent le père d'Orgère et Chaudoin, sont noyées et jetées aux
requins ; ce genre de sacrifice est fréquent;
les autres sont ou battues de verges, ou recrutées
pour l'armée, ou emprisonnées; les jeunes filles
sont envoyées dans le corps des amazones.

Quand les signes sont sur certaines maisons,
le peuple se soulève, exige à grands cris

l'exécution immédiate des volontés du Dieu, volontés expliquées par les féticheuses.

Personne ne pourrait contenir l'effervescence terrible de la foule.

Lé-Lia, Mme Olivier, sa fille furent hissées, liées, dans des hamacs et les hamaquaires partirent au trot pour Abomey.

On pense bien qu'une pareille mesure fit grand bruit.

En quelques minutes, de Jambodji, la nouvelle sauta à Widah-Plage ; de là, au premier voyage des pirogues, par-dessus la barre, à bord des navires en rade.

Aussitôt le commandant de la *Mouette* suspendit le débarquement, leva l'ancre, mit à la voile, en attendant que ses feux fussent allumés, et il fila sur Kotonou où il annonça au capitaine Olivier ce qui s'était passé.

Celui-ci, impassible, dit à son futur beau-frère :

— C'est bien ! L'affaire est grave ! Elle est même très grave. Mais on en a vu d'autres. Prêtez-moi deux de vos matelots les plus robustes et les plus dégourdis ; je les déguise en nègres et, à l'instant même, je pars pour Abomey, à pied, avec mon frère et vos matelots. Retournez à Widah et... attendez-nous.

Avec un sourire :

— Si nous revenons...

Sur ce mot, sinistre dans une pareille bouche, ils se séparèrent.

CHAPITRE XIII

Politique blanche et noire.

Dans un bois sacré, dédié au Dieu du Feu, bois fétiche dont personne, excepté les prêtres du Dieu, ne saurait approcher sans s'exposer à la mort, deux Noirs sont face à face, parlant avec animation.

L'un est le grand féticheur.

L'autre est un nègre qui a toutes les apparences d'un Abyssinien, tant ses traits sont nobles, tant son profil aquilin le font l'égal des Blancs pour le développement de son angle facial.

Les deux personnages se sont rencontrés à distance de trois cents pas du bois sacré.

Après un court pourparler, ils y sont entrés tous deux.

Là, le grand féticheur a invité l'autre Noir à s'asseoir sur un tronc d'arbre, transformé en siège mobile ; lui-même en a pris un autre ; tous deux se sont regardés dans le blanc des yeux.

Le Noir a dit alors au grand prêtre :

— Tu devines, n'est-ce pas, ce qui m'amène ici, déguisé et noirci comme je le suis.

— Tu veux, dit le féticheur, ta mère, ta sœur et ta fiancée.

— Oui. Entre nous, pas de paroles inutiles. La situation, la voici. La princesse Kalaza veut m'épouser; elle a voué, par les féticheuses de Jambodji, ma fiancée au Dieu de la Guerre, ma mère et ma sœur à la prison. Elle fera rendre les prisonnières si je l'épouse, mais Lé-Lia restera amazone et... vierge.

— Oui, c'est cela! dit le grand prêtre.

— Et si je te payais ton aide pour délivrer ma mère, ma sœur et Lé-Lia, si je te payais ton concours d'un prix inestimable?

Le féticheur secoua la tête.

— Capitaine Olivier, dit-il, ce que tu proposes est dangereux. Kalaza deviendrait mon ennemie mortelle.

— A moins qu'elle, Behanzin, la cour et Abomey ne soient terrifiés et ne regardent comme un grand bonheur que les captives soient relâchées.

— Et comment les terrifier?

— Veux-tu laisser entrer trois hommes ici?

Le féticheur hésitait.

Le capitaine Olivier, pour teint qu'il était, n'avait rien perdu de son audace et de sa décision.

Il siffla légèrement, mais longuement.

— Tu appelles ces hommes? demanda le féticheur.

— Il le faut! Je veux te rendre plus puissant qu'un dieu.

Le grand-prêtre ne protesta pas; il se renferma dans un profond silence et il attendit.

Au bout d'une demi-heure, on entendit, près du bois sacré, un sifflement semblable à celui que le capitaine avait fait rouler sous les arbres.

Olivier y répondit.

Bientôt trois hommes, dont deux portaient une caisse, à la façon des hamaquaires, tous trois ayant le teint des nègres, parurent devant le féticheur et Olivier.

— Posez la caisse là, dit Olivier en français. Retirez-vous à la lisière du bois.

Les trois hommes obéirent.

Quand ils se furent éloignés, Olivier dit au féticheur :

— Tu sais quelques secrets à l'aide desquels tu étonnes tes imbéciles de nègres; mais produirais-tu, dans le ciel, une pluie d'étoiles avec coup de tonnerre de ton Dieu du Feu? Non! Tu ne le pourrais pas. N'essaie pas de me l'affirmer. Tu ne m'en imposeras point, à moi! Or, à l'instant, tu vas voir une centaine d'étoiles, après un coup de foudre, descendu des splendeurs du ciel sans nuages qui s'étale au-dessus de nos têtes.

— Je sais que tu es initié profondément aux sciences qui permettent aux Européens de faire des prodiges.

— Et si je t'initiais, moi, à ces sciences? si je te donnais les moyens de faire ce que jamais l'un de vous autres n'a fait? Si je te mettais au-dessus de tous les féticheurs, comme le palmier est au-dessus des broussailles? m'aiderais-tu, si tu pouvais m'aider sans danger pour toi?

— Montre-moi d'abord la pluie d'étoiles! dit le féticheur.

— C'est facile.

Olivier ouvrit sa caisse, en tira une fusée, celle-ci munie de sa baguette; il la disposa comme il le fallait, alluma une allumette, mit le feu à la pièce d'artifice qui s'élança dans les airs en sifflant, éclata et lança sa gerbe d'étoiles; les pseudo-astres étincelants retombèrent gracieusement, puis s'éteignirent.

Le féticheur était émerveillé; mais il se contenta de dire :

— C'est bien!

Olivier sourit.

— Ce n'est pas tout! fit-il. Les féticheurs du Dieu-Serpent font concurrence à ceux du Dieu du Feu. Tu peux mettre ton culte au-dessus du leur, les asservir à ton ascendant, les forcer à t'accorder une dîme et les tenir sous ton autorité. Car, quand ils auront besoin d'un miracle, ils seront forcés de te le demander.

— De quel prodige veux-tu parler?

— J'évoque le grand serpent de feu et il paraît!

Olivier plaça sur le sol un paquet d'une substance en apparence inoffensive et de peu de signification comme forme; il avait brusquement frappé sur le sol, une pierre, contre le paquet; une petite capsule s'était enflammée et le grand féticheur vit sortir, du paquet, un serpent de feu phosphorescent et gigantesque qui déroula ses anneaux flamboyants, s'allongea, se tordit, se calcina et disparut en cendres.

Cette fois le grand féticheur ne put dissimuler sa surprise.

— Tu vois, dit-il, que le Dieu du Feu, par tes mains, peut produire le serpent, mais aussi le détruire. Il est donc le maître du culte de la Couleuvre. Et tu es son grand féticheur?

Olivier continua à exhiber les merveilles que contenait sa caisse; il les expliquait, il apprenait au grand prêtre à s'en servir; et celui-ci, très intelligent, très roué, très pénétrant, comprenait et s'initiait. Mais, sur certains points, la machine électrique, par exemple, il ne pouvait s'en assimiler le maniement du premier coup.

Olivier promit de faire de lui, à Widah, en quelques jours, un électricien suffisant.

Le grand féticheur conquis, enthousiasmé, conclut avec Olivier le marché suivant.

Olivier et ses compagnons resteraient cachés dans le bois sacré.

La quatrième nuit était la nuit des Coutumes: on devait exécuter beaucoup de prisonniers faits sur un roitelet voisin dans une razzia.

Au milieu de l'exécution, Olivier et ses amis feraient tomber une pluie d'étoiles à l'aide des baguettes d'artifices partant du fond du bois sacré, voisin d'Abomey.

Déjà, la petite pluie, causée par la fusée qui venait d'être lancée, avait dû être remarquée, il en serait beaucoup parlé.

D'autre part, le capitaine et ses compagnons resteraient dans le bois sacré jusqu'au moment où les *Coutumes* auraient lieu; le grand féticheur passerait, ussi agréablement que possible, son temps avec eux, du moins celui dont il pourrait disposer; il l'emploierait à apprendre son métier de prestidigitateur.

Ainsi, il accomplirait, levant Behanzin, le miracle des Serpents de Feu et plusieurs autres que la cour n'avait jamais vu opérer, même par Olivier; celui-ci mettait toujours en réserve quelque prodige inédit pour s'en servir en cas de besoin.

Enfin, le grand féticheur ferait travailler en dessous main la féticheuse du Dieu Ekba, la grande prêtresse de Widah; d'une part, il lui ferait grand'peur du capitaine Olivier; d'autre part, il lui promettrait un très riche présent, si elle consentait à ne pas faire d'opposition aux volontés du Dieu du Feu, dictées par lui, grand féticheur, après qu'il aurait épouvanté la cour.

Et ces volontés étaient celles-ci : ·

« Mise en liberté des deux Blanches et de Lé-Lia.

« Mariage de la princesse avec un autre Blanc que le capitaine.

« Dot de la princesse : Tous les captifs noirs

qui devaient être immolés et dont l'apparition
des signes aurait suspendu le supplice. Il
était convenu que le grand féticheur ferait
commencer les exécutions par les mangeurs
de terre, pauvres diables fatalement voués à
une mort prochaine, vu leur étrange maladie.

Après avoir stipulé d'autres clauses de détail,
Olivier s'engagea d'honneur à exécuter le
traité.

Sa parole était reconnue comme sacrée.

Le féticheur voulut jurer à son tour ; Olivier
l'arrêta :

— Inutile ! dit-il. Tu as tout intérêt à me
servir. J'ai tant de choses à t'apprendre, quand
tu viendras à Widah ! Tu serais un sot de me
trahir.

Et le capitaine avait raison.

Le grand féticheur n'est pas un sot : il le
prouve en ce moment au colonel Dodds.

Quelques instants après, le grand féticheur
quittait le bois sacré où le capitaine et ses
compagnons s'endormaient profondément,
sûrs de n'être pas dérangés.

Une terreur superstitieuse en éloignait les
Dahoméens.

CHAPITRE XIV

Coutumes sacrées.

La nuit couvre de ses voiles Abomey, la capitale du royaume du Dahomey; une aube blanche et froide annonce que la lune va se lever à l'horizon; un profond silence règne dans les rues étroites et tortueuses de la ville qui semble endormie; pas un bruit dans les cases en terre battue, qui s'étendent, comme des fourmilières, autour des palais du roi et des chefs; on voit glisser, ombres silencieuses, les patrouilles de guerriers, qui assurent l'ordre dans cette cité nègre de cinquante mille âmes, sans compter l'armée. Il semble que le sommeil plane sur les toits de chaume des petits et sur les terrasses des grands; cependant tout le monde veille, attendant avec une terreur superstitieuse le premier chant du coq. C'est la nuit des *Coutumes*, la nuit sacrée où le sang des victimes humaines doit couler à flots pour rendre les fétiches favorables.

Autour de la résidence royale, massif immense de constructions en pisé, sur des esplanades très vastes, presque toute l'armée est réunie : huit mille soldats réguliers, exercés, encadrés, disciplinés, sont debout, alignés en pelotons, massés en bandes que commandent des cabacères ; ceux-ci veillent farouches sur leurs hommes et feraient trancher la tête de celui qui broncherait dans le rang. Dans le palais même et le long de son enceinte, quatre mille amazones, vestales dahoméennes, vierges sous peine de mort et gardes du roi, font face aux soldats ; elles sont rigides sous leurs robes d'uniforme sans manches et elles portent haut leurs têtes coiffées de la calotte blanche, ornée du signe royal ; leurs pagnes, roulés en ceinture et en écharpe, flottent sous les caprices de la brise et ondulent devant les lignes muettes.

Un calme solennel règne dans l'intérieur du palais.

Mais l'aube lunaire grandit et zèbre le ciel, à l'orient, de ses pâles clartés qui glissent sur le fer des canons de fusils et sur l'acier des couteaux-machettes ; le clairon retentissant du coq fétiche consacré à Ekba, le Dieu du Mal, éclate dans le temple des devins ; tous les autres coqs de la ville lui répondent ; un long frissonnement de détente nerveuse passe sur l'armée ; la sanglante cérémonie va commencer...

La population sort des cases, se range derrière les soldats, sans un cri, sans une parole ; cependant, la respiration de soixante mille poitrines, le piétinement du sol, l'agitation de l'air par les mouvements et les souffles forment une rumeur sourde et profonde qui, après avoir roulé le long des rues, s'élève au-dessus des toits et monte vers la terrasse royale. La cour y apparaît processionnellement, précédée de musiciens, battant sur des tambours la marche lente et lugubre des supplices, lançant dans l'air les notes suraiguës et déchirantes des petites flûtes indigènes et jetant au vent les sinistres appels des trompes de guerre, creusées dans des défenses d'éléphants. En tête du cortège marchent les petits et les grands féticheurs armés de l'instrument de mort qui doit, d'un seul coup, trancher la tête des victimes ; derrière eux, les serviteurs du palais portent, au-dessus de leurs têtes, les *kokos*, longs paniers d'osier, au fond desquels sont liés les prisonniers de guerre qui doivent être immolés. Puis viennent les cabacères, favoris du roi, grands de la cour, gouverneurs de province, entourés de leurs pages et de leurs officiers ; enfin le roi, abrité, malgré la nuit, sous un riche parasol, insigne du commandement ; derrière lui, ses favorites parées avec un luxe barbare, toutes portant en main le *mouchoir du roi*. Le tout-puissant despote s'assoit sur son trône dressé sur la terrasse ; il écoute le murmure de terreur et d'admiration qui se dégage de la foule, à sa vue. Son grand exécuteur, armé du sabre fétiche, se place à sa droite ; son porte-sceptre-bâton se tient à sa gauche. Behanzin fait un signe et des cabacères se prosternent à ses pieds, car il est plus pape encore que roi : il représente le Dieu suprême, Mahou, le vrai

Dieu, auquel les Dahoméens croient, mais qu'ils n'ont pas le droit d'adorer directement; seul le roi, grand féticheur, est en communication avec lui; le commun des mortels ne peut adresser de prières qu'aux idoles intermédiaires.

Quelques instants se passent; l'émotion soulevée par l'apparition se calme; la lune éclaire le monarque, car le parasol est placé de façon à ne pas intercepter les rayons de l'astre.

Behanzin est un nègre, bien pris, quoique de taille moyenne; la figure est ouverte, intelligente, le regard ferme et droit; il a le costume de son pays, sobre et simple, une chemisette et un pagne; l'attitude est fière et digne. Une légère barbe couvre le menton. La voix est grave, mais fatiguée. Devant lui, on se sent en présence d'un homme[1].

Au milieu des femmes du roi, se remarquait Kalaza, l'égale de la reine, sa supérieure par le sang royal qui coulait dans ses veines.

Près d'elle la féticheuse de Widah.

Kalaza regarde deux photographies : l'une est celle d'Olivier, l'autre représente un Européen inconnu. Et Kalaza dit très bas à la féticheuse :

— Ainsi, cette nuit, je verrai celui que je dois épouser à la place du capitaine Olivier?

— Et, si tu le veux, tu seras sa mariée avant huit jours.

Kalaza examina les photographies de plus près et resta rêveuse.

1. Chaudoin, *Trois mois de captivité au Dahomey.*

Mais la musique qui s'est arrêtée, recommence à jouer ; la foule parle et s'anime.

On a défoncé des barils de tafia et on en a fait des distributions aux soldats et aux amazones ; l'armée entonne le champ de mort, qu'accompagne le bruit des armes entrechoquées ; l'hymne sauvage monte vers le ciel en vagues sonores ; son rythme, d'abord grave et lent, se précipite ; les rangs s'agitent, les danses de guerre commencent, huit mille soldats, quatre mille amazones, cinquante mille hommes, femmes et enfants, s'agitent comme des possédés : l'hystérie du massacre s'empare de cette multitude qui délire et qui pousse des hurlements ; l'orchestre précipite sa cadence ; la rage des soldats et du peuple monte à son paroxysme ; les amazones semblent des furies déchaînées ; une odeur âcre, l'odeur noire, âpre et violente senteur du nègre en sueur, émanation très musquée, très pénétrante, se dégage de cette masse.

Le roi, qui observe, juge le moment venu de jeter des victimes en pâture à ce lion populaire déchaîné ; il prend son bâton-sceptre et le lève.

Alors les porte-kokos s'ébranlent pour défiler devant le sacrificateur, dont le chef, appelé le Mingan, opère d'abord avec un couteau d'argent ; chaque victime, dans son panier, est présentée au roi impassible, puis tendue à l'exécuteur qui lui tranche la tête d'un seul coup ; aussitôt, par une des meurtrières de la terrasse, le tronc et la tête dont le sang jaillit à flots, sont jetés sur les amazones qui les hachent à coups de machettes, en morceaux qu'elles lancent aux soldats ; ceux-ci les découpent en tranches qu'ils réduisent en une bouillie rouge dont ils aspergent la multitude.

La fade odeur du sang, l'écœurante senteur de cette boucherie humaine remplissent d'effluves qui saisissent ce peuple barbare aux narines et l'animent au carnage.

Cependant le Mingan, fatigué, cède sa place à un sacrificateur qui n'a, lui, qu'un couteau de cuivre ; d'autres, plus inférieurs encore, lui succèdent avec des couteaux de fer.

Comme il avait été convenu dans le bois sacré, le grand féticheur, ordonnateur de ces massacres, avait déclaré qu'il fallait commencer par les nègres mangeurs de terre, et l'on avait suivi ses instructions.

Déjà plus de cent cinquante malades avaient péri, lorsque tout à coup, dans la direction du bois sacré une, deux, trois détonations retentirent ; une pluie d'étoiles tomba du ciel.

Le grand féticheur, affectant le plus grand trouble, s'écria :

— Les signes ! Les signes du Dieu du Feu ! Roi, termine la fête des Coutumes.

Une grande terreur plana sur la ville. Le roi se leva. .

Aussitôt, avec une incroyable discipline, les cris, les danses, le désordre cessèrent brusquement ; chaque peloton d'amazones et de soldats reprit sa place, les trompes lancèrent trois notes aiguës et un silence profond régna sur la ville.

En ce moment, une dernière victime était immolée au pied d'un phallus énorme qui avait été arrosé de sang humain ; le Mingan ouvrit le ventre du malheureux esclave, lut l'avenir dans les entrailles fumantes, et sa voix, lente et haute, passa sur le peuple.

Le grand féticheur annonçait que le Dieu du Feu venait de donner un avertissement au Dahomey. Depuis plus de trois mois, on délaissait ses temples ; mais il était en son pouvoir de punir les Dahoméens ; il les anéantirait par une pluie de feu, si leur impiété continuait ; il consentait à ce que des honneurs fussent rendus au Serpent, dieu inférieur, mais il ne tolérerait pas que ses autels fussent désertés pour ceux de ce fétiche, qu'il pouvait détruire par ses serpents de feu.

Le grand féticheur fit un signe à ses grands vicaires ; l'un laissa tomber deux paquets sur la foule, l'autre en plaça un sur la balustrade de la terrasse, le long de laquelle la cour vit se dérouler un immense serpent embrasé, pendant que les amazones poussaient sous le palais des cris d'effroi, fuyant devant deux boas de feu qui se développaient gigantesques, menaçant la foule.

L'effet fut prodigieux.

Le roi, pareil au Pharaon devant Moïse, fut très impressionné. Le peuple criait miséricorde pour apaiser le terrible Dieu du Feu.

Enfin le grand féticheur ordonna au roi de

lever son bâton ; le silence se fit tout aussitôt et le prêtre continua ses exhortations.

On écouta religieusement son sermon, chacun se jurant d'être dévot au Dieu du Feu.

Sûr d'avoir terrifié la foule, le féticheur lui cria :

— Un homme va venir ! C'est un Blanc, le capitaine Olivier, suivi de son jeune frère, deux serviteurs les accompagnent. Le capitaine, qui est un favori du Dieu du Feu, vient réclamer sa mère, sa sœur et sa fiancée ; malheur sur nous, si elles ne lui sont pas rendues !

— Qu'on les rende ! criait la foule.

— Mais, reprit le grand féticheur, le Dieu, qui ne voulait pas que Kalaza, sœur du roi, se mariât avec Olivier, lui envoie le jeune frère du capitaine qui sera son mari. Le Dieu aime beaucoup ce jeune homme qui sera, auprès de lui, le protecteur du Dahomey.

— Mariage ! Mariage ! cria la foule.

Kalaza regarda la photographie de celui que le Dieu lui imposait ; elle dit à la féticheuse :

— Vraiment, il est gentil et je l'aimerai.

Enfin le grand féticheur déclara que les esclaves non exécutés seraient donnés au capitaine Olivier, afin de le dédommager de ses ennuis ; mais en revanche, il révélerait au grand féticheur du Feu, les secrets les plus terribles et les plus efficaces pour conjurer la foudre et les fléaux célestes ; il jurait de détourner de son cours un météore enflammé qui devait s'abattre sur la capitale et de le faire éclater dans les airs sans qu'il en résultât aucun mal pour la ville.

En ce moment, des acclamations retentirent; le capitaine et ses compagnons, qui avaient eu le temps de se blanchir, faisaient leur entrée sur des petits chevaux que leur avait procurés le féticheur; non sans peine, car les chevaux sont rares au Dahomey.

Le peuple saluait avec enthousiasme les favoris du Dieu du feu.

Le capitaine Olivier acceptait avec calme cette ovation d'une foule qui exultait; mais son frère se montrait préoccupé.

— Est-ce que tu regretterais de te marier avec Kalaza? lui demanda Olivier. Tu m'as dit que cela ne te déplaisait pas. N'oublie pas que vous vous épousez à la mode dahoméenne, que tu peux avoir autant d'autres ménages de la main gauche que tu voudras, que ces mariages sont nuls au point de vue français.

— Oui! Oui! Nous avons déjà dit tout cela! fit le jeune homme. Mais je ne l'ai jamais vue, moi, ma future femme. Me plaira-t-elle?

— Morceau de roi, mon cher. Tu serais difficile si tu en faisais fi!

On arriva au palais, gardé par les amazones.

Celles-ci avaient placé en avant d'elles Lé-Lia, joyeuse de sa délivrance; elles crièrent au capitaine :

— Prends-la! Prends-la.

Il descendit de cheval et il offrit son bras à la

petite Perle de Widah, qui fut ravie de faire ainsi son entrée à la cour.

Louis, cependant, disait à son frère :

— Et la bombe ! Elle n'éclate pas ! La mèche s'est peut-être éteinte !

— Non pas ! dit Olivier après avoir consulté sa montre. Dans dix minutes elle montera vers le ciel et tu entendras la détonation.

Le roi avait envoyé son cabacère, maître des cérémonies, introducteur à la cour, vers son ami Olivier, lui dire qu'il était le bienvenu, lui et les siens ; et le prévenait que toutes ses demandes étaient accordées.

Le cabacère, précédant « les invités du roi », monta sur la terrasse et présenta à Behanzin ceux qui devenaient ses hôtes.

Le roi fut très aimable avec Olivier et son frère, très gracieux pour Lé-Lia ; Louis, présenté à Kalaza, lui prit la main et la baisa ; il la trouva fort au-dessus de ce qu'il imaginait et elle déclara à la féticheuse que, si elle l'avait connu plus tôt, elle n'eût jamais songé à Olivier.

Sur un ordre de Behanzin, on conduisit sur la terrasse Mᵐᵉ Olivier et sa fille, qui avaient été très bien traitées du reste ; la famille du capitaine se trouvait heureusement réunie, lorsqu'un long sifflement se fit entendre dans les airs ; une ligne de feu zébra le ciel, une bombe enflammée décrivit une parabole, puis elle éclata avec un bruit formidable et s'évanouit en fumée.

Le peuple et la cour furent convaincus que

grâce au capitaine Olivier, tout danger était désormais conjuré.

Des acclamations retentirent.

Cependant Behanzin demandait à Olivier quand se ferait le mariage de sa sœur avec le frère du capitaine.

— Demain ! dit-il. Et je me marie aussi à la mode du Dahomey. De retour à Widah, je ferai consacrer cette union régulièrement.

Par ordre du roi, le grand féticheur annonça, pour le lendemain, la grande fête des mariages.

Les cris de joie éclatèrent de toutes parts.

Le roi, se levant alors, fit un signe, et son cabacère ordonnateur vint à lui et reçut ses ordres, à la suite desquels chacun fut placé à son rang.

Les hommes par groupes et défilant d'abord, à la suite du roi ; les femmes ensuite, après la reine.

On remarqua que le maître des cérémonies plaça Louis, frère du capitaine Olivier, avant celui-ci, derrière les frères du roi et avant les princes cousins germains du sang.

C'était la conséquence de son futur mariage qui devait avoir lieu prochainement.

Le lendemain et pendant huit jours pleins Abomey fut en fête.

Puis le capitaine Olivier, sa mère et sa sœur reprirent le chemin de Widah.

Sur les conseils de son frère, Louis Olivier, en très grande faveur, demeura près de Behanzin. Il y avait de belles affaires à mener à bien, et le jeune frère d'Olivier avait des qualités diplomatiques remarquables.

FIN

TABLE DES MATIÈRES

SCEAUX. IMP. CHARAIRE ET Cie.

BIBLIOTHÈQUE UNIVERSELLE

DE POCHE

à 25 Centimes le Volume de 160 Pages

CATALOGUE

LE DERNIER MOT DE LA LIBRAIRIE A BON MARCHÉ est atteint par cette Bibliothèque qui contient les meilleurs OUVRAGES D'UTILITÉ, SCIENCES, HISTOIRE, POÉSIE, CHEFS-D'ŒUVRE FRANÇAIS ET ÉTRANGERS, ROMANS, VOYAGES, etc., signés des Auteurs les plus célèbres et vendus **25 Cent.** au lieu de **2 Fr.**

Chez tous les Libraires et dans les Bibliothèques des Gares :
25 Centimes le Volume

ON PEUT RECEVOIR SÉPARÉMENT ET FRANCO CHAQUE VOLUME EN ENVOYANT **30 CENTIMES** en timbres (5 centimes en plus pour le port) à l'adresse ci-dessous :

A. FAYARD, éditeur, 78, Boulevard Saint-Michel, **PARIS.**

Quelques ouvrages forment plusieurs volumes à 25 centimes.
*Dans les commandes il suffit d'indiquer la lettre de la série et le n°
d'ordre placé à gauche du titre.*

Toute commande de 20 volumes à la fois sera expédiée franco de port contre mandat-poste de 5 fr. au lieu de 6 fr., adressé à M. FAYARD, éditeur, 78, Boulevard Saint-Michel, PARIS.

www.ingramcontent.com/pod-product-compliance
Lightning Source LLC
Chambersburg PA
CBHW052357090426
42739CB00011B/2397